# なぜか「まわりは敵《てき》だらけ!?」と思ったら読む本

オールイズワン代表
心理カウンセラー
石原加受子

Subarusya

# 心がピーンと張り詰めていませんか？……はじめに

戦わなくても勝つことができる。

むしろ戦わないほうが人生はうまくいく。


こう言うと、大半の人が「そんなことができるわけない」と思ってしまうのではないでしょうか。

しかし、そう思わずにはいられないほど、今の社会は、誰もが、さまざまなところで〝戦って〟います。学校では成績で競い、会社では業績を競う。こんな競争原理、成果主義を土台に据えれば、戦うしかありません。

「戦う」というのは「勝ち負け」の意識や「敵・味方」の意識を育てます。

この意識がさらにエスカレートしていくと、どうなるでしょうか。

結局は、どんどん味方が減っていって、「敵ばかり」となってしまいます。多くの人がこんなふうに感じているのが、今の社会なのかもしれません。

とりわけ人間関係においては、戦って勝つということがあると考えられているのでしょう。人や社会に対して「敵だ」という意識を強く抱いている人は、もちろん、戦って勝とうとします。

ところが、そうやって「戦って勝とう」とする人は、戦って勝っても、さらに戦おうとします。どうしてでしょうか。

それは、戦っても戦っても、「自分の望むものを得られない」からではないでしょうか。では、その望むものとは、一体、何なのか。

一言で言うと〝満足〟ではないでしょうか。

けれども、私が提唱する『自分中心心理学』で常に言っていることは、「戦って勝っても満足することはない」ということです。

戦って負ければ「悔しい」と思うものです。ところが、明らかに勝っている人も「悔しい」と言います。負けても勝っても「悔しい」と思う。私が人間関係においては「被害者はいても、加害者はいない」というのはこういうことです。

はっきり言うと、「戦って勝てば満足する」というのは、幻想です。

元々、存在しないものを追いかけているのですから、どんなに戦っても得られるわけがありません。戦っていけば、勝っても負けても、恐怖が生まれます。勝つことが幻想であれば、残るのは「負けた」意識と「恐怖」だけでしょう。


もしあなたが、今いる場所で、自分の周囲には「敵ばかり」というふうに感じているとしたら、あなたは悔しい気分で恐怖を抱いているかもしれません。

そんな悔しさや恐怖を手放すには、戦いから降りるしかありません。

もちろん、戦いから降りるということは、「負ける」ということでも、相手に従うことでもありません。むしろ、戦わないために「自分を守る。自分を大事にする方法」を身につける必要があります。

それがまさに、『自分中心心理学』のスキルだと言えるのです。

石原加受子

なぜか「まわりは敵だらけ!?」と思ったら読む本 もくじ



# 第1章

## もっと毎日、心地よく過ごしたい!

第2章

# こうして「敵」が作られていく!?

第3章

# 張り詰めた関係にはワケがある

第4章

# 「手強い敵」もみるみる消えるヒント

第5章

# ラクに思い通りに生きるレッスン

ブックデザイン・イラスト
石村紗貴子

第1章

# もっと毎日、心地よく過ごしたい!

1

# 私の居場所、どこにもない！

## 仕事もプライベートもしんどい

普段の生活で、こんな気分になったことはありませんか。

・どうしてこんな気持ちになるのかわからないけれど、他人が側にいると気になって、ビクビクしたりオドオドしたりしてしまう自分がいる

・何をしていても、自分のすることを頭から否定されているような気がしたり、自分のすることを監視されているような気がして落ち着かない

・何を喋っていても、拒絶されたような気分になったり、思った通りの反応が返ってこないと、気詰まりを覚える

・自分でも気づかないうちに、イライラしたり、腹を立てていたりして、つい、仏頂面をしたり、怒った口調で答えてしまって、気まずい雰囲気になってしまう

・周囲を気にしていろいろ考えてしまうので、気がつくと首や肩が張り、頭が重かったり痛くなるほど緊張している自分に気づく

・会社の同僚たちとうまくいっていて、人からも頼りにされて充実した毎日を送っているけれども、ときどき、自分の笑顔が引きつっているのを感じる

・人に声を掛けられると、叱られるのではないか、何か文句を言われるのではないかと、一瞬、ビクッと反応してしまう自分がいる

・それなりに楽しくやっているつもりだけど、家に帰るとドッと疲れが襲ってきて、家では何もする気力が湧かない

・毎日しなければならないことに追われて一生懸命やっているけれども、ふと振り返ると、親友と呼べる友だちも、古い友だちもいつの間にかいなくなって、自分が独りぼっちのような気がしてしまう

・家に家族がいると、それだけで息苦しさを覚えて、たまに家族が誰も家にいないで一人になると、ホッとする

・家にいても職場にいても、どこにいても自分の居場所がないように感じる

## これって、私が甘えてるだけ？

日頃から自分がどんな気持ちになっているかに注意を払っていなければ、自分

どこにいても、すぐにモヤモヤ…
口うるさい親
ガミガミ
クドクド
意地悪な上司
フフン
脳天気な友人
ごめ～ん
キャハハ
感じが悪い同僚
ヒソヒソ
なんか、最近
つらい…

がそんな気持ちや気分になっていることに気づかないかもしれません。

すでにそんな気分や感覚が当たり前のようになっている人は、

**「毎日、どうしてこんな汲々とした気分で生活しているんだろう」**

**「どうして、日々の生活に張り合いや充実感を覚えないんだろう」**

**「どうして、仕事に行くことを考えると、緊張してしまうんだろう」**

といった疑問すら抱かないかもしれません。

人によっては、こんな気分になってしまうのは、「自分が悪いからだ。自分の能力がないからだ。自分が弱いからだ。精神がたるんでいるからだ。甘えているからだ」などと、自分を責めたり、「これではいけない」と自分を叱咤して頑張ろうとするに違いありません。

けれども、ここに挙げたことが一つでも自分に当てはまるとしたら、人や社会に対して「傷つけられるのではないか。責められるのではないか。攻撃されるのではないか。他者は自分に悪意を抱いているのではないか」といった恐れが自分の中に潜んでいると言えるでしょう。

2

# 今の心の状態をチェック

### ▼▼▼この人は、私の敵？ 味方？

自分が他者や社会に対して、どんな気持ちを抱いているか。その緊張の具合や分量によって、自分の心を測ることができます。

あるときセミナーの参加者に、こう尋ねたことがあります。

**「さまざまなグループ活動や専門学校、カルチャーセンターといった、人が集まる場所に初めて参加するとき、どんな気持ちになりますか」**

入口のドアを指して、

「あのドアから入ってくるとき、どんな気持ちになっていたり、身体はどんな状態になっていますか」

と言って、実際に体験してもらったこともあります。

すると、さまざまな答えが返ってきます。

「どんな話が聞けるのかと、ワクワクします」

「どんな人と出会えるかと、期待感でいっぱいになります」

という人もいれば、

「人とうまく話すことができるだろうか」

「みんなが、私を受け入れてくれるだろうか。嫌な人はいないだろうか」

などと考えて、緊張する人もいます。

「ここは安全な場所なのだろうか」

「集まっている人たちに傷つけられないだろうか」

などと恐れて警戒してしまう人も少なくありません。

その緊張の分量や質によって、人や社会に対する自分の心がわかります。大きく二つに分けると、戦わなければならない〝**敵**〟と見なしているのか、協力し合える〝**味方**〟と見なしているのか。これは自分の中にある根底の意識です。

人や社会を敵と見なせば、自分自身がそのように振る舞ったり行動したりします。味方と見なしていれば、自分自身がそのように振る舞ったり行動したりします。自分でも気づかずに、そう動いてしまうのです。

## なぜか緊張でヘトヘトに

緊張にもいろいろあります。

初めての登校、初めてのクラス。初めての会社。初めてのミーティング、初めてのプレゼンテーション。初めてのデートなど、さまざまな「初めて」は緊張するものです。緊張しながらも、期待や希望で胸が弾んだり、好奇心で興奮したり、その中に不安や恐れといったさまざまな気持ちが入り交じるでしょう。

明日の遠足が楽しみで、興奮して眠れないということもあります。これは楽しい緊張です。好きな人が側にいれば嬉しくて、それだけで緊張します。胸がときめいたり、胸がキュンとなったりするものです。

そんな気持ちの中には、嫌われはしないだろうかという恐れもあるでしょうが、幸せな気持ちのほうがはるかに大きいでしょう。

もちろん、誰もが新しい世界に一歩踏み込むときは、何が起こるかわからないという意味でも緊張します。未知に対する警戒心は、危険から身を守るためにも大切なことです。

ただ最近、どちらかといえば、相手から傷つけられるのではないか、攻撃されるのではないかという「敵・味方」の思いから緊張してしまうという相談が多くなってきています。

まったく同じ場面で、好きな人が側にいながら、

**「相手は自分をどう思っているのだろうか」**

**「こんなことを言って、嫌われないだろうか」**

**「こんなことを言ったら、笑われるんじゃないだろうか」**

などと考えて、緊張のあまり息が苦しくなったり、怖くなってその場を逃げ出したくなってしまうという人もいるのです。

普段から、

## 楽しみにしてたのに、なぜか疲れる…

・異常に肩が凝る
・絶えず頭が重い
・ヘトヘトに疲れてしまう
・呼吸がしづらい
・疲労感でぐったりしてしまう
・顔がほてる
・脳の中に薄い膜が張っているようだ

こんな自覚症状がある人は、もしかしたら、

「この社会で生きていくには、戦って、勝ち残らなければならない」

などと「勝ち負け」の意識に囚われていて、しかしその実、そうやって競い合うのに疲れ果ててしまっているのかもしれません。

# 「負けるわけにはいかない」という焦り

### 勝ち抜くことを求められる私たち

なんとなく、今の社会に対して生きづらさを感じている人が少なくありません。世界情勢が不安定で、この先どうなるか皆目、見当がつかない。各地各国から地球レベルでの変動が予測されるような異常気象のニュースが入ってくる。隣国との摩擦が報道される。国内では、少し景気回復の兆しが見えてきたような気がするけれども、まだまだ不透明で、先の見通しが立たない。こんなことが複雑に絡み合って、生きづらさを覚えているのではないでしょうか。

では、せめて日本の景気だけでも回復すれば、多くの人が感じている生きづらさは、解消するのでしょうか。私には、今、大勢の人が感じている生きづらさは、それとは少し質が異なるように思えます。

それは私たちの根本的な生き方に由来するものであって、この生き方を続けていけば、本当に行き詰まってしまう。この根本的な生き方を自分に問い直し、その根本を変更せざるを得なくなっている時期にさしかかっているのではないかという気がしてなりません。

とりわけ、前記した**「勝ち負け」の競争意識や「敵・味方」の対立意識が、生きづらさの最も大きな要因となっている**と感じています。

子どものころから学業で成績を上げる。成績を上げるために同級生と競う。社会に出れば、企業戦士として戦い、会社の業績を伸ばす。そのために、ノルマを課せられたり、社内や部署間で競い合う。結婚すれば、子どもに「競って勝つ」ように教える。

そうやって、何の疑問も抱かずに、

「成功するには、競って勝たなければならない」

「目標を達成するには、戦って勝ち抜かなければならない」

「望むものを獲得するには、戦って勝利を収めなければならない」

と、今も私たちは戦って生きています。

## なぜかまわりに気を許せない

「我慢して頑張れば、きっといつの日か幸せになれる」

これも、「戦って勝つ」の変形バージョンではないでしょうか。

「世の中は、つらく、厳しいものなんだ。人生はそんなに甘くない」

だから、最後に幸せを手に入れるために、今は耐えるべきだ。我慢して、努力しなければならない。

「厳しい世の中を渡っていくために〝打たれ強い人間〟になろう」

〝折れない心〟を育てるために、

「精神を鍛え、心を強くして、どんな困難にも打ち勝つ人間になろう」

そんな自分を目指している人たちも、たくさんいるに違いありません。

そんな親であれば、子どもたちにも、

「有名大学、優良企業に入れば幸せになれる。だから、今、勉強を頑張って、少しでも良い成績をとらなければならない」

と発破をかけることでしょう。

ある男性は、**「戦っていると指摘されるまで、自分が戦っているとは思っていなかった」**と言いました。

「実際に誰かと争っているわけではないし、同僚に少し嫌なことをされても、自分のほうが我慢してしまうので、自分では穏やかなほうだと思っていました」

そう思いつつも、絶えず緊張していて、気がつくと息を止めたりしている自分がいる。人に声を掛けられると、責められるのではないか、何か苦情を言われるのではないか。傷つけられるのではないかと思って身構えてしまう。彼のこんな状態が、〝戦っている〟ということなんです。

「言われてみると、確かに私は、同僚には気を許せないと思っていますね。自分のほうから争いを仕掛けることはないのですが、他人は〝敵〟だと思っています。人に任せるよりも、自分でやったほうが早いと思ってしまうのも、多分、問題が起こって揉めたりするのが嫌だからなんですね」

## 気がつくと誰も味方がいない

ひと昔前は、こんな相談が多く寄せられました。

カルチャーセンターに通っているが、受講者の中にボスのような存在の人がいて、その人ににらまれてしまったために、意地悪されるようになり、通うのをやめるかどうか悩んでいる。

社内に派閥があって、どこかに入らないと自分だけ浮いてしまいそうだが、どこにも所属する気持ちになれなくて、かといって一人でいるのも苦しい。

近所付き合いで、グループが二つに分かれていて、争っている。子分のような扱いを受けて、使いっ走りのような役割をさせられるのが嫌だから、無視しているけれども、仲間外れになるのはつらい。

職場にお局さんがいて、彼女が周囲を仕切っている。逆らうと、職場に居づらくなってしまうから我慢している。みんなその人を煙たがっているけれども、誰も何も言えないでいることにも、腹が立つ。

本当は一人で帰りたいのに、いつも待ってくれている人がいて、自分も待つのが面倒なので断りたいけど、気を悪くしないかと悩んでいる。

仕事でミスをしたとき、庇ってくれた人がいたけれども、なんだか頭が上がらず、その人の言うことに従わなければならないような気分になってしまう。

職場の仲間は、仕事が終わった後も、休日にもみんなが集まっている。一緒に遊びに行こうと誘われるけれども、休日ぐらい解放されたい。でも断ると、職場の雰囲気を壊してしまいそうなので怖い。

仕事が終わって家でホッとしていると、家と職場が近いため、職場の仲間がいきなりやってくる。でも、断るに断れず、ゆっくりできないで困っている。

こんな悩みと、冒頭で述べた悩みと、どこが違うのでしょうか。

両者ともに、「敵・味方」の意識は変わりません。けれども昔は、後者のように「味方」との悩みが少なくありませんでした。

ところが今は、**「味方」がいない**のです。

# 4 「敵・味方」の発想はいつか行き詰まる

### 結束しているように見えても

実のところ、戦わなくても、自分の望むものを得ることはできるし、安全に暮らすことができるはずなのですが、実際に「戦うことをやめよう」と決めたとしても、なかなかすぐにはうまくいきません。

それは、脳には脳幹と呼ばれる部位があって、この脳幹に「戦うか逃げるか」という反応をする機能が備わっているからです。この機能が生命の危機を察知して身の安全を確保してくれるのですから、私たちに「勝ち負け」の意識や「敵味方」の意識があるのは当然のことなのです。

また、そのメリットもあります。

たとえば、目標に向かってライバルと争い、「相手を追い越そう。自分の才能をもっと伸ばそう」と努力しているうちは、勝ち負けの意識がその原動力となるでしょう。敵味方の意識があれば、勝つために、味方が結束することができます。味方同士で協力し合ったり、助け合うことができます。

目的を同じくする仲間、一緒に戦う同志といった感じで、力を合わせて頑張ろうとするでしょう。味方として結束力が強ければ、そこに愛や友情も芽生えます。団体競技では、こんな結束力が勝敗を決めることも少なくないでしょう。

ただ、そんな勝ち負けや敵味方の意識が効力を発揮するのは、**「勝っている状態」「勝つ可能性がある状態」**である場合が大半ではないでしょうか。

戦国時代のキリシタン信者のように、迫害されているから結束が固くなるということもあるでしょう。この場合、彼らの中にある信念は曲げられていません。つまり、彼らにとって一番重要な部分は、決して負けていないのです。

けれども一般的な「勝ち負け」の意識からくる結束力というものは、勝つことができない、勝つ自信がないという状態になれば、脆くも崩れ去ってしまうでしょう。

## ▼▼▼いつしか足の引っ張り合いに

ある職場での話です。

社員AさんとBさんはライバル同士です。社内でトップを争う二人は、互いに競いながら、顧客契約の数を伸ばしており、彼らの存在は、社内を活性化させる起爆剤としても役に立っています。

二人が競って順調に顧客数を増やしているうちは、

「今度は、あそこに足を伸ばしてみよう。こんな企画はどうだろうか。この方法で契約の額を増やそう」

などと、二人の目は新規顧客の開拓に輝いていました。

ところが、共に契約数が伸び悩みはじめたとき、様子が変わってきました。

二人とも、以前ほどの勢いがありません。

急に自信をなくして、焦ったり不安になったりしながら、それでも**「相手に負けたくない。一番になりたい」**一心で争うとしたら、どうなっていくでしょうか。

こんな条件を満たして〝勝つ〟には、互いに足を引っ張り合うしかありません。

**良きライバルだったはずなのに…**

「あいつは、どんな企画を持っているんだろうか。今日は、どこを回るんだろうか。どんな人のところに日参しているんだろうか」

などと相手の手の内や動向を探ったり、

「あの客には手を焼いているんだな。俺のほうに脈がありそうだぞ。よし、あの客を奪ってやれ」

というふうになっていきました。

もちろん、仲間同士で同じ顧客を奪い合っても、社内全体の顧客数は増えません。

そうやって、**「今日の味方は、明日の敵」**となるのです。

## 結局会社の人は全員、敵!?

こんなふうに、「敵味方」の意識で成果主義、結果主義の穴に落ち込んでしまうと、敵ばかりになって、味方がいなくなってしまうでしょう。

**「周囲は敵ばかり」**となって、「戦って勝つ」ことに疲れてしまえば、自分の居場所がないと感じるのは無理もないことです。

誰も味方がいなくて寂しい思いに打ちひしがれているとき、

「あ、この人は、もしかしたら、頼れそう」

という相手が現れたら、誰もいないと感じている人ほど、その相手に限りなく100%に近い依存心でしがみついていくかもしれません。

あるいは、「家族だけが味方」でそれ以外の人はすべて「敵」となってしまえば、家の外に出て行くのも怖くなっていくかもしれません。

こんなふうに、今の社会は**「敵」だけがいて、「味方」がいない**と感じてしまう時代なのかもしれません。

5

# 「あれもこれもガマン」では息苦しい

## 仕方なく調子を合わせていても

新しい職場で働くことになった彼女は、まだ数カ月しか経っていないのに、もう、行くのがつらくなってきています。

お昼になると、社員同士が集まって、井戸端会議をしながらのランチです。彼女はその時間が苦痛でなりません。

とりわけ人数が少ない会社だと、「自分だけ外れて食事をする」というのは勇気がいるものです。

「私だけ、一緒じゃないと、みんなが白い目で見るのではないか」

という不安がよぎります。

みんなが集まる場所は、社内の情報交換の場でもあるために、
「自分だけ席を外すと、いろいろな情報が自分に入ってこないのではないか」
と、それも気掛かりです。

誰もが予測がつくように、人が集まれば、周囲の噂話や陰口になりがちです。そんな中に混じって、黙って聞いていることに苦痛を覚えたとしても、「そんな話、聞きたくありません」などと言えば角が立ちそうです。

それにまた、自分が外れていると、自分のことが話題になっているのではないかと気になります。表面的にはみんな仲が良いように見えるけれども、その場にいない人の噂話になっているのはわかっています。

実際に、トイレに席を立って戻ってきたとき、彼らの一人が彼女のほうをチラリと見たりすると、彼女は、
「あ、今、自分のことを話題にしていたな」
と勘ぐってしまうのです。

集中砲火的に特定の人の悪口を言い合ってみんなが盛り上がっていたりすると、

その中で彼女は誰も信頼できる人がいなくて、自分が独りぼっちのような気がしてくるのでした。

### ついまわりの人を責めてしまう

もっとも彼女も、つい心の中で、

**「どうしてみんな、ああやって、人の噂話ばっかりするんだろう。自分たちのことは棚に上げてっ」**

などと腹を立ててしまいます。

しかし、どんなに心の中で彼らを責めたり否定したからといって、彼らが変わるわけではありません。そうやって、否定的な感情に囚われていけば、自分がいっそうつらくなるだけです。

「人の口に戸は立てられぬ」という諺もあります。

そんなときは、これを彼らの問題でなく「自分の問題」として捉えて、たとえば、

「みんなが人の噂話や悪口を言っても、私は言わない」

と決断することはできます。

みんなと一緒にいるときは、話を聞きながら、

「ああ、そうなんですか。へえ、そういうことが、あったんですか」

と相槌を打つだけにするというのはどうでしょうか。

これは、相手に同意して相槌を打っているわけではありません。

**『私はそれに同意できないのですが、あなたの言いたい気持ちはわかりました。あなたの意見として聞きます』**という意味での相槌です。

こんな気持ちでいれば、みんなが人の悪口を言っていても、ムキにならないで、軽く聞き流すことができるようになるでしょう。

## ▼▼▼もっと「自分中心」の発想で心地よく

それに、どんなに悩んでも、具体的な行動方法はたくさんあるわけではありません。大きく分けると、

・一緒に過ごす

・まったく入らない
・途中から抜けたり、途中から入る
これ以外の方法はありません。

お勧めは、「途中から抜ける」。これが実践しやすいのではないでしょうか。

もしかしたらあなたは、「途中から抜けるというのは、ハードルが高いなあ」と感じるかもしれません。けれども、そうであれば尚のこと、「途中から抜けられる私」をレッスンしてほしいものです。

人とのコミュニケーションでは、**「私が入りたいときは、入る。入りたくないときは、入らない。抜けたいときは、抜ける」**という自由を知っている人ほど、楽しくラクに過ごすことができます。

これはあくまでも理想です。すぐにできなければならないということではありません。けれども少しずつ努力して、ほんの0・1%変わるだけでも、その分だけ理想に近づくことができます。

みんなの中の一人があなたに意地悪な気持ちを抱いていたとしても、あなたが途中から抜けられるような風通しのいい方法を実行していけば、やがて、そのやり方に追随する人が出てくるでしょう。

なぜなら、一度でもそうすることができるなら、それがどんなに「自分を自由にさせるのか」ということを実感するからです。

さらにまた、たとえば、

**「少し、読みたい本があるので、お先に失礼します」**

といったような言い方で自由に抜けることができれば、そんな行動をとれる自分を誇らしく感じるでしょう。これが「自分中心」の行動です。

相手の顔色や言動を窺って行動するよりも、自分の気持ちや感情のほうに焦点を当てて、自分の心や気持ちに適った行動や表現をする。これを私は**「自分中心」**と呼んでいます。

そして、自分にフォーカスしながら、自分の心に沿った表現や行動をしたときに感じる心地よさを、「自分中心」感覚と呼んでいます。

そんな「誇らしい感覚」を是非、体験してほしいものです。

6

# 不仲なのは、本当に「私のせい」？

## どうしてもうまくいかない相手

職場のある先輩男性と一緒に仕事をすると、イライラして仕方がないという女性がいました。

最初のうちは、

「私の能力が劣っているからだ、もっとしっかりとしなければならない」

「イライラするけれども、先輩が、わざわざ教えてくれているんだから、我慢しなければならない」

などと、自分を戒めたり責めたりしていました。

けれども、どうも、スッキリとしません。

別の同僚と話をするときはスムーズに会話が進みます。彼と話をするときに限って、イライラしはじめるのです。

**「どうもこれは、私だけが悪いわけではなさそうだ」**

そう感じたとき、彼女は「起こっていること」を観察することにしました。

### ▼▼▼イライラのモトを探ってみると…

「自分がイライラするのは、どういう瞬間なのか」

自分の心を観察したとき、その原因が「これか！」とつかめました。

簡単に言うとそれは、彼が、決して、「わかった」と同意したり、「そうだね」と共感してくれないからだったのです。

別の同僚のときだと、

「これ、お願いできますか」

「あ、これね、わかった。今手が離せないから、そこに置いてって。午後に取りに来てよ」

で、スムーズに終わります。

ところが彼の場合、

「これ、お願いできますか」

「え、どうして?」

「これがないと、先に進めないんです」

「えっ、それ、俺の責任?」

「いえ、そういうつもりでは……」

「で、なんだったっけ?」

「ですから、これを」

「ああ、それね」

「はい」

「これ、俺じゃないと、ダメなの?」

「ええ、まあ」

「○○さんでもいいんじゃないの?」

「○○さんは、今日は、お休みなんですね」

といった具合に、本題に入る前のプロローグがうんざりするほど長いのです。

果てには、

「フーン。今、俺、時間ないんだよねえ」

ここで彼女も、堪忍袋の緒が切れそうになり、

「じゃあ、どうしたらいいんですか」

と、つい感情的に返してしまいました。

すかさず彼もそこに反応して、

「今、時間がないって言っただろう！」

こんなふうに、一つのことを聞いて回答をもらうまでに、いくつもの難関を越えなければなりません。

そのために、本題の入口に到達したときは既に、ヘトヘトに消耗しきっていて、門をくぐっても**「やっとこれから、本題かあ」**と、うんざりです。これから先の長いイライラの道のりを思うと、自分の言う言葉をそのたびに覆そうとしてくる

彼に、彼女は「うるさい」と怒鳴りたくなる衝動がこみ上げてくるのでした。

## ▼▼▼言葉以外の情報をキャッチしてる

相手と話をしていると、なんだか、訳もわからずイライラしてくる。

一緒にいて話を聞いているだけで、身体がぐったりするほど疲労感を覚える。

話をしていると、なぜか怒りがこみ上げてくる。

誰でも、こんな経験があるのではないでしょうか。

こんなとき、内省心の強い人や自分を責めてしまう人は、自分のほうに「何か問題があるのでは」と考えがちです。もちろん、そんな気持ちは大事にしていたいものですが、相手と話をしていて、絶えず不快な気持ちになってしまうとしたら、その前に、

**「この人の言葉の奥にある別の意味や胸の中にある思いを、私が無意識にキャッチしているからなのかもしれない」**

と考えてみることも必要です。

## 「不快だな」と感じたら、即退散！

事例に示した後者の彼のように、いつも「敵と戦っている」という状態の人は、「ああ、そうか」「そうだね」「そうなんだ」といった同意する言葉は決して言いません。それは、人の心に共感する余裕がないからです。

無意識の視点から言うと、人に「そうだね」と同意してしまうと、その人の言っている要求に応えなければならない。その人に従わなければならないと思っています。

彼らにとって、他者の話に耳を傾けるということは、イコール「その要求を呑む」ということを意味します。不思議だと思うかもしれませんが、彼らは、普通の人が予想している以上に「気持ちよく断る」ことができません。断ると争いになると強く信じているのですから、それも道理ですね。

そんな恐れから、彼のように**「人の話に耳を傾けることができない」人**が少なくありません。諸々の理由から、共感する心が育っていない場合もあります。

「敵と戦っている」という状態の人の心理や言動の仕組みはこれから少しずつ述

べていきますが、いずれにしても、自分の感情を基準にすると、共感する心に乏しい相手と話をしていても、不快な感情がエスカレートしていくだけです。そうなれば、相手との関係もこじれていくでしょう。

ですから、まず自分の気持ちに焦点を当てて、

**「このまま話をしていたら、私がだんだん、不快な気持ちになっていきそうだ」**

という気持ちになったときは、そこらあたりが潮時です。それ以上話をしていると、自分の心を傷つけてしまいます。そうなる前に、自分の心を救うために、

**「私を守るために、この話は、早めに打ち切ろう」**

と決断することです。

こんなとき、話を聞いてあげないと相手に悪いと思ったり、可哀想だと思ってしまう人もいるでしょうが、例でもわかるように、相手は建設的な会話を望んでいるわけではありません。他者の言葉を覆すのが目的となっています。それ以上でもそれ以下でもありません。

そんな無意味な会話を続けて「自分を理解してもらおう」とするよりは、

**「できるだけ速やかに、この会話を打ち切って撤退しよう」**

と決めたほうが賢明です。

不快な会話になっているときは、相手の言葉を真に受けて真剣に耳を傾けたり、真面目に答えようとする必要はありません。

先の例では、彼が何を言おうと、会話の途中で、

「これ、お願いできますか」

と言えたら、そんな自分を誉めてあげたいぐらいです。

**「自分にとって必要な件だけ」**に焦点を当てて、

「これ、お願いできますか。もし、無理でしたら、他の人を探してみます」

「これ、お願いできますか。もし、無理でしたら、上司に相談してみます」

といったような言葉で、その会話を「速やかに終わらせる」ことを目指しましょう。人よりも、自分の心を救うほうが先なのです。

# 7

# まわりはいつも「見て見ぬフリ」

### 誰も私の意見に賛成してくれない！

仕事に熱意をもって取り組んでいる男性がいました。

真っ直ぐな性格の彼は、自分が正しいと思ったことは、すぐに実行します。


**「職場を良くしたいんです」**


という彼の思いに嘘はありません。

自分がこれが正しいと思うと、同僚に対しても、

「それは、相手にしっかりと言うべきだよ」

などとアドバイスをします。

その後も、どうなったかが気になって、

「なあ、あの話、どうなった？　解決したの？」

と聞かずにはいられません。そんなとき、同僚が、

「あれは、まだ……」

と言い淀んだり、

「今回は、まあ、いいや」

などと優柔不断な態度をとると、彼は、表面的には、「ああ、そうか」で終わらせるものの、内心、「え、まだ何もしてないの？　どうして!?」という言葉がのど元まで出かかったり、「まったく、あいつらは、意気地がないんだから」と忸怩《じくじ》たる思いに駆られます。

彼の目には、どうしても、同僚たちが努力をしていないように映ったり、時間に余裕があるとサボっているように見えてしまいます。

そんな職場に、**「どんなに良くしたいと思っても、自分ひとりでは、どうせ無理だよなあ」**と、投げやりな気持ちになることもしばしばです。

あるとき、彼の後輩と取引先との間で問題が起こりました。後輩から相談を受

けたとき、取引先の要求のほうが強引で、後輩の判断が適切だと思いました。けれども上司が下した決定は、後輩が一方的に始末書を提出して責任を取るというものでした。

彼はそれが許せずに憤慨するのですが、同僚たちは、見て見ぬふりをしています。後輩にも、自分が応援するからもっと抗議すべきだと拳に力を込めて訴えるのですが、当の本人は曖昧に言葉を濁すだけで、結局、彼ひとりが悔しがる結果に終わったのでした。

## 正しいことを主張しているのに、なぜ?

彼の言っていることは正論です。

彼は、自分は正しいことをしているのに、誰も自分に味方してくれないというような気持ちになっています。

彼だけではありません。多くの人が、自分の「正しさ」を主張しようとします。お互いに、その「正しさ」を相手に主張し合って、口論になったりします。

けれども、正しければいいかというと、そうではありません。**人は「正しい、正しくない」では動きません。感情で動くのです。**彼はこれに気づいていません。

この件の場合、客観的には彼の言うことが正しいでしょう。でも、後輩は、自分が間違っていないと思っていても、それを主張することを恐れています。彼がどんなに正義感に燃えていようと、後輩に彼と同じ思いを押しつけることはできません。後輩自身の問題です。

彼が意見を言うことはできるでしょうが、どうするかは後輩が決めることで、「後輩の自由を認める」ことのほうが大事なのです。

もしその自由を認めずに後輩に迫っていけば、彼がどんなに正しくても、後輩は、彼に対して**「僕に自分の意見を強要してくる強引な怖い人」**と感じて、彼と距離を置きたくなるでしょう。

また彼は、上司の不甲斐なさを嘆きますが、上司には、上司の立場があります。上司には部下がいると同時に〝上司の上司〟もいます。上司が〝上司の上司〟に主張することを恐れていれば、どんなに後輩の対応が間違っていなかったと理解していても、逆らうことができないでしょう。

同様に、職場の同僚には同僚の立場があります。家庭を持っている同僚もいるでしょう。後輩をとるか家族をとるかといえば、言うまでもないでしょう。独身の彼とは立場が異なるのです。彼がどんなに懸命になっても、空回りしているように感じるのは、彼が、他の人たちの**「選択の自由」**を認めていないからではないでしょうか。

それぞれの人に、それぞれの立場があることを、自覚する必要があります。「相手を認める」というのは、こういうことなのです。

後の章でも丁寧に述べていこうと思いますが、この「選択の自由」を互いに侵し合うときに、敵味方で争うことになったり、「自分の周囲は敵ばかり」というような四面楚歌の状態になっていくのです。

## ▼▼▼「こんな会社辞めてやる」になる前に

確かに、会社の対処の仕方には問題があります。

けれども、長年かけて築き上げてきた会社の体制や構造に関わる問題を、すぐに改善しようとするのは性急過ぎるのでは？と言いたくなります。

会社や組織というものは、多くの人たちの意識や立場が関わり合ったり影響し合いながら機能しています。一人だけが正義感を燃やしたからといって、他の人の意識がすぐに変わるものではありません。

仮にもし、すぐに変革を達成できたとしても、新体制が整って正常に機能するまでには時間がかかるものです。急激な変革が達成できたとしても、新体制に不満を抱く人が多ければ、彼らが「新新体制」を目指して、「新体制」と再び争うことになるでしょう。

一人一人が自覚してはじめて、前進するものなのです。

それには「時間がかかる」。彼に必要なのは、この「物事を改善していくには、時間がかかるものなんだ」という自覚なのではないでしょうか。

# 第2章

# こうして「敵」が作られていく!?

1

# 「他人が怖い」という意識があると

### 心温かい人に気後れしてしまう

かねてから私は不思議に思っていたことがありました。それは、心の根底に**「人は私を傷つける。だから怖い」**という意識を抱いて怯えている人たちは、どうしてわざわざ怖い人に近づいていくのかという疑問です。

他者が怖いのであれば、もっと優しい人や心温かい人に近づいていけばいいのに、と思うのにそうしません。

もちろん、優しい人や心温かい人と接するチャンスはあるし、話をすることもできます。けれども、相手に対して怖いという意識を抱いている人は、私の目には、彼ら自身が、優しい人や心温かい人を自ら避けているように映ります。

そんな気持ちが理解できないわけではありません。

暗い部屋に長時間いて目が暗さに慣れている状態で、いきなり明るい戸外に出ると、日の光が眩しくて、目を開けていられません。それと同じように、心が沈んでいると、心が明るい人、心温かい人であっても、そういう人たちの側にいると、気後れしてしまう。そんな気分になるものです。

## 相手の優しさが感じ取れない

相手の心の中を探ろうとすれば、**「相手は、私をどう思っているだろうか」**と気になるでしょう。

つい人と自分を比較する人であれば、相手の人柄や幸せそうに見える環境を妬ましく思うかもしれません。自分に自信がなければ、相手と自分の違いばかりが目について、相手を眩しく感じたり、引け目を感じてしまうでしょう。

そんな思いをするよりも、やっぱり、自分の心に近い人のところにいたほうが安心します。だから、他者に対して怖いという気持ちを抱いている人が、優しい人や心温かい人を、まるで「水と油」のように、混じり合わないように感じてしまうのは理解できます。

仮に優しくされてもその優しさが信じられないし、温かく接してくれても斜に構えたりして、素直に相手のそんな心を受け取ることができません。人によっては、相手の優しさや心温かさを、自分の心で感じ取れないほど恐れている人も少なくありません。

社会や他者に対して「敵だ」という意識に囚われている人は、「敵」だから、戦って相手を打ち負かし、勝たなければならないと思っています。

ただし、「人を敵だ」と思っているのは、攻撃的な人、暴力的な人だけではありません。他者を恐れている人や怯えている人も、根底に「人は敵だ」と思っている意識を抱いているという点については同じです。

2

# つい相手を「敵」だと見なしてしまう

## なぜか「危険な関係」に発展

社会や人に対して、自分がどう思っているか。

大きく二つに分けると、**「危険だ」**と思っているか、**「安全だ」**と思っているかです。

危険だと思えば、相手を敵だと認識して、戦わなければならないと思うでしょう。

「そんなことはありません。好きな人もいるから、全部の人を敵だって思っているわけではありません」

もちろん、そうです。

大事なのは、相手を敵だと思ってしまうその心の〝分量〟です。

人を「対立し合う危険な関係」と認識しているのか、人を「協力し合える安全な関係」と認識しているのか、その分量です。

人に対して否定的な気持ちの分量が多ければ、それに比例して、人の否定的な面が気になります。人に対して肯定的な気持ちの分量が多ければ、それに比例して、人の好意的な面に気がつきます。

自分の心が否定的な気持ちで占められていれば、どんなに相手が好意的な人であっても、その人の中から、否定的な点を探そうとするでしょう。

他者に対して敵意を抱いている人、他者に対して怯えている人が、同じように敵意を抱いている人に近づいてしまうのは、こんな心のメカニズムが働いているからです。

## 怖がりながら近づいていく

人を敵だと思っている人が、先手必勝という言葉があるように先制攻撃を仕掛けたりして、「自ら、戦いの中に入っていく」というのは理解できると思います。

ところが、他者に対して〝怖い〟という気持ちに囚われて怯えている人は、自分自身が否定的な気持ちに囚われているために、怖い人や怖い場面に無意識に近づいてしまうという自分の心のメカニズムに気づいていません。

そのために、自分に敵意を向けられると、

**「私は何も悪いことはしていない。人に疑われるようなことも、批難されるようなこともしていない」**

と言いたくなるでしょう。もちろん大半の人がそうだと思います。

**「真っ当に生きているのに、どうして自分だけがこんな目に遭わなければならないのか」**

そう思うでしょう。

けれども、実際に自分が攻撃されたり責められたり暴力的な言動の被害に遭うような経験があったとしたら、あるいは、まさに今そんな状況にあるとしたら、その事実に目を塞ぐことはできません。

もちろん、怯えるにはそれなりの理由があります。過去において、つらいことを体験していれば、怯えるのは当たり前です。

そんな環境であったことを悪いと言っているわけではありませんし、怯えることが悪いと言っているわけでも、ましてや「あなたが悪い」と言っているわけではありません。

## そんなつもりはなくても相手を刺激

問題は、自分の行いが正しいかどうかということではありません。「敵」という意識が強ければ、善悪や正・不正よりも、勝つことが最大の目標となります。

相手に優ること、勝つことを目指し、勝利を得るためには **〝手段を選びません〟**。「あなたが、正しいので、私は攻撃をしません」などと言うわけがありません。「戦って勝つ」というのはそういうことです。

自分が、攻撃的な人、暴力的な人が気になって関心を抱けば、当の本人も **〝気にされている〟** と気づきます。

そのとき自分が怯えていれば、相手は **〝気に障り〟** ます。

これが「関係性」なのです。

「関係性」の前にあっては、「正しい、正しくない」や「良い悪い」といった判断の基準は大きな意味を持ちません。「敵と戦って勝つ」という意識を持っている相手に、「正・不正」「善悪」で対抗することは難しいのです。

怯えていれば、攻撃されやすくなります。攻撃的な人、暴力的な人に対して戦いを挑めば争うことになるのと同様に、〝敵〟に怯えている姿は、相手に不快感を催させ、排除したくなるというのが「関係性」なのです。

「いつも、自分がつらい立場に立たされてしまう」

「我慢して頑張っているのに、なぜか貧乏くじを引いてしまう」

「いつの間にか、私のほうが悪いというふうになってしまう」

「悪いことはしていないのに、イジメの対象になってしまう」

といった経験があるとしたら、自分を守るために、まずこんな「関係性」の視点に立つことが大事です。

# こうして敵がどんどん増える

### 心の中はいつも警戒モード

ではここで「他者は敵だ」という意識を抱いている人の目で周囲を見てみましょう。他者を敵だと思っていると、どうしても人を心から信じられません。常に**「いつ傷つけられるか」「いつ危険な目に遭わされるか」「いつ敵が襲ってくるか」**という気持ちで警戒しています。

そのために、自分の職場やさまざまな場所で、自分に対して「敵だと思える人」がいると気になります。相手の敵意に満ちた視線を感じることもあるでしょうし、敵意を肌で〝感じる〟こともあります。

自分に好意的な気持ちを送ってくれても、心から信じられません。ひとまずは、

「敵ではなさそうだ」と安心するものの、自分の関心を引く相手というほど強烈な印象は残りません。どうしても気になるのは、やっぱり「敵」です。

そうやって、自分の敵に関心を向けていると、

「あいつは、あの生意気な態度が気に入らない」

「なんだよ、お前、自分を何様だと思っているんだよ」

「なによ、どうしてヘンな顔で私を見るのよっ」

「なに、その態度は。私になんか文句でもあるの？」

などと意識で喧嘩を売っています。

自分に見えるのは敵ばかりで、好意的な人は視界に入ってこないのです。仮に入ったとしても、目の前をさっと矢のように通り過ぎていきます。

相手を「敵」だと認識すれば、やられる前に「先制攻撃」をかけて相手を屈服させなければなりません。自分より強そうな相手や手強い相手だと、やられてはたまらないので、「ひとまずは、友好関係を築いていたほうが得策だ」とばかりに、怖い相手にも、近づいていくのです。

## 怯えるからこそ引き寄せる

では「敵に怯えている人」はどうでしょうか。

怯える人は、自分に危害を加えられるのを恐れているので、自分が怖いと感じる人を探して見つけます。

100人の中に、怖い人と優しい人とが混ざっているとしたら、最も怖いと感じる人が真っ先に目に入るに違いありません。

一般的には、怖い人にわざわざ近づいたりしないものだと思うでしょう。ところが怯えている人は、そうでもないのです。

最も怖いと感じてしまう人に、**「怖い」**という視線を送って震えれば、相手もそれに気づきます。「関係性」で言えば、恐れられている人にとっては、自分に怯えられることほど不快に感じることはありません。

と同時に、恐れられている人は、怯える人間をいたぶる快感も知っています。脳幹の機能としても、怯える相手を目の前にすると、**「いたぶりたい」**という欲求が刺激されるのです。〝敵〟意識の強い人ほど、そんな快感を求める欲求がむくむくと頭をもたげてきます。そのために、怯える人にとっては、最も怖いと感じる人を引き寄せることになってしまうのです。

それだけではありません。

怯えている人も、わざわざ自ら、最も怖いと感じる人に近づいていきます。

なぜ近づいてしまうのか。

それは、一つには、怖い人が一人でもいると、その人が気になって気になって仕方がないからです。いつ攻撃されるかと片時も忘れずに怯えているために、安全な人たちと付き合う余裕さえありません。

そんなふうに怯えているくらいなら、

「危害を加えられる前に、懐柔しておいたほうがいいのではないか。親しくしていれば、私をいじめないでいてくれるかもしれない」

などといった思いから、近づいていくのです。

こんな関係性の点からも、「脅す人と脅される人」とは引き合うのです。

## 気づかないうちに敵対関係に

自分では自分の顔が見えません。鏡の顔を自分で見るときは、その前に人がいるわけではありません。つまり、自分が相手を前にしているとき、あるいは集団の一人としてその中にいるとき、自分がどんな態度や表情をとってそこにいるかは、実際には、わからないのです。

人との関係は、「自分と相手との関係性」で起こっています。これは、何度語っても語り尽くせないほどに重要なことです。

自分の言動だけでなく、態度や表情、振る舞い、ふとした仕草、立ち方、歩き方、喋り方、**その人の内面から醸し出される雰囲気すべてが、相手に情報として伝わっています。**もちろん、相手からもその情報を受け取ります。仮に自分では気づかなくても、無意識のところでは気づいています。

自分が気づこうが気づくまいが、お互いに、こんな情報を交換しながら人間関係は成り立っているのです。

4

# もっと相手を知れば、うまくいく!?

### 「他者中心」の人が陥るワナ

「だからこそ、人とうまくやっていくためには、相手を知る必要があるんではないでしょうか」

と言った女性がいます。彼女は、**相手の心を知ることができれば、自分が傷つかないように対処することができる。**相手の思いを知って、相手の気に入るようにすれば、相手が自分を攻撃してくることはないはずだと信じているようでした。

中には、相手を知ることができれば、相手の裏をかいたり、利用したり、自分の思うように物事を運ぶことができると考えたりする人もいます。相手の心を読んで、自分の望むように相手を操作したり、有利な状況を作り出せる自分になることを目指したり、そのような本がもてはやされたりもしているようです。

私はこんなふうに他者に意識を向けて、相手の顔色を窺ったり、相手の心を知ることに熱心だったり、相手の動向を探って、自分の言動を決めようとする生き方を**「他者中心」**と呼んでいます。

「そうすると、あなたは、そんなふうに実行していて、実際に、うまくいっているんですね」と念を押すと、彼女は即座に「いいえ」と答えました。

そして、

「私は職場でも家庭でも、円満にいけばいいと思ってやっているのに、なぜか、最後には、私が悪いというふうになってしまうんです」

彼女の視点から言うと「だから、もっと、相手のことを知る必要がある」ということだったのです。

「相手の心を知れば、うまくいくと思うんですか?」

「ええ、思います」

「他者中心」の人は、こんなふうに考えがちです。

## 相手を思い通りに動かしたい

私は彼女の問いに、こう答えました。

「じゃあ、私が今、〝相手の心を知っても、うまくいかないと思いますよ〟と言ったらどうしますか」

「どうしてですか？　どうしてうまくいかないと言えるんですか」

いくつかのやりとりをすると、彼女は次第に険しい表情になっていきました。

「こんなふうになっていくと予測できるからなんですね」

「こうなっていくって？　どんなふうになっていくんですかっ」

「今、このまま話を続けても、納得していただけないと思うんです」

「そんなことはありませんよ。言ってみないとわからないじゃないですかっ」

こんな調子で、彼女はいっそう感情的になっていきました。これが「他者中心」になって相手の心を知ろうとしたり、相手の心を読もうとする人たちの限界です。

この会話で、何が起こっているのでしょうか。

彼女は「相手の心を知れば、うまくいく」と考えています。

けれども実際には、そうではありません。

相手の心を知りたがっている彼女に、「このまま話を続けても、納得してもらえないだろう」と私は伝えています。

彼女は「相手の心を知った」ことになります。

相手の心を知ればうまくいくと思い込んでいる彼女は、もちろん、「相手の心を知っても、自分は納得しない」ということに気づいていません。

「どんな会話になっていくか予測がつく」と私が言ったように、彼女は、自分が〝満足する〟答えが返ってこないと納得しないし、納得しないで終わらせることができません。

こんな状態になってしまうと、「争って勝つ」ことが目標になっていきます。

もし彼女が、**「自分が望む通りの答えが返ってこないと満足しない」**とすれば、私は延々と話をし続けなければなりません。争い合うような会話は不毛であるゆえに、その労力と疲労感を思うと、想像しただけで、気が重くなってしまいます。

もし延々と話しても彼女が満足せずに、私が途中で話をやめてしまおうとすれば、すでに感情的になっている彼女は、怒り心頭に発するでしょう。

いずれにしても、敵意識の強い人と「勝ち負けを争う」ような会話を続けていけば、否定的な感情だけしか残りません。むしろ、そんな会話を続ければ続けるほど、お互いに否定的な感情が増産されるので、いっそう、相手とこじれた関係を築いていくことになるでしょう。

### ごり押しするから嫌われる

お互いの気持ちを尊重するというのは、「自分中心心理学」の基本です。

もしこのとき、彼女が「自分中心」の人であれば、相手が自分と話すことを苦痛に感じているという、相手の心を〝感じ取る〟ことができたでしょう。それは、彼女が望んでいると言った「相手の心を知る」ことにもつながります。自分を知ることにもつながります。

しかし、「他者中心」の彼女の本当の望みは、相手の心を知ることでも相手を尊重することでもなく、**「自分の意見を押し通す」**ことだったのです。

職場でも家庭でも、最後に「彼女が悪い」というふうになってしまうのは、彼女がこの「関係性」にまったく気づかず、自分がいいと思うことを、相手にごり押ししていたからでした。彼女が相手に絶えずそうすれば、やがて相手は彼女から去っていくでしょう。

相手が彼女に仕方なく従ったものの、それが悪い結果に終わり、「彼女が悪い」と責められるとしても、それは、彼女自身が招いた結果だと言わざるを得ません。

多くの人が相手の心を知れば、さまざまな問題が解決する。あるいは、自分の望んだ通りに事が運ぶと思いがちですが、そもそもこれが勘違いなのです。

「相手の心を知った」ところで、自分が相手の思いや気持ちを認めることができなければ、相手の心を知っても知らなくても、**自分の考えややり方を強制したり強要したりして、「敵」という意識を互いに増大させていくだけ**なのです。

ちなみに、この彼女との会話は、私が、

「話を続けるのがつらいという私の気持ちを、尊重していただけませんか」

と、自分の気持ちを大事にした言い方をして、決着が着きました。

5

## 知ろうとすればするほど、逆効果

### 相手の情報を正しくつかむには

相手と話をしているときに、誰でも、

「この人は、警戒しながら私の心の中を探ろうとしているようだ」

「この人は、自分を押し殺して、私の顔色を窺っているぞ」

「この人は、自分の心を偽って、無理に〝いい顔〟をしているな」

などと思ったことがあるでしょう。

では、どうしてそう思ったのでしょうか。

それは、相手に対して**「そう感じたから」**ではないでしょうか。

他者中心になっている人は、相手の思いを探ったり、相手の心を読むことに熱心です。けれども恐らく、そうすればするほど、間違った情報をつかむことになるでしょう。

相手が自分をどう思っているか、今どんな気持ちで自分の前にいるのか。

相手に関する情報を知りたければ、**「自分の感情を基準にする」**だけで充分です。

相手を探るよりはるかに有益です。

自分の感情を基準にして、「自分の感じ方」に焦点を当てれば、相手を憶測する必要もありません。むしろ、自分に意識を向けたほうが、簡単に「感じ取る」ことができます。

相手の態度が、自分にどう感じられるのか。

相手の表情が、自分の目にどう映るのか、どんな感じがするのか。

相手の言った言葉や言い方が、自分の心にどう響くのか。

自分の肌や感覚や心で「感じたまま」が、相手の心の中の思いです。

## ▼▼▼「自分がどう感じているか」に集中

自分の「感じ方」を基準にすれば、誰でも、相手の状態を「感じ取る」ことができます。たとえば、

あなたが相手と話をしていて息苦しいと感じたら、相手があなたを息苦しくさせているのかもしれません。

あなたが相手を否定したくなったら、相手があなたを心の中で否定しているのかもしれません。

自分が相手に騙されそうな気がするとしたら、相手の騙そうとしている気持ちを、あなたが感じ取っているのかもしれません。

本当は、こんな**「感じ方」を情報とするほうが、相手の心を探ろうとしたり読もうとするよりも、情報の精度ははるかに高い**のです。

こんなふうに相手の情報をキャッチしているにもかかわらず、自分の「感じ方」を信じられない人は、そんな気持ちになっている自分を責めたり、「こんな自分ではいけない」と自分を恥じたりしているかもしれません。

けれども、相手に対して感じる「自分の感情」はすべて、〝情報〟です。絶えず他者から発信されている情報を逃さないためにも、自分中心になって、自分の感情に気づくことが必須だと言えるのです。

## 感情が相手との関係性を決める

もっとも、ここでベースにあるのが、「関係性」です。

相手に関する情報をキャッチしたからといって、自分が相手に対してどんな気持ちでいるかに気づかない限り、たいして役にも立ちません。

相手が好意的であっても、もしあなたが相手に敵意を抱いていれば、その敵意が相手に伝わって、瞬時に相手は警戒したくなるような気持ちに襲われるでしょう。あなたが勝ち負けを争う気持ちで挑んでいけば、相手は、親しく話したいという気持ちが萎えて、その場を離れようとするでしょう。

過剰防衛という言葉があります。過剰に相手の言葉や態度に反応していけば、無意識に警戒するような体勢をとるために、かえって相手に不信感を抱かせること

## 私たち、嫌われてるみたい…

になるでしょう。

さまざまなトラブルの被害に遭う。嫌がらせをされる。怖い相手に目をつけられる。イジメに遭うというようなことをたびたび経験する人は、**そのとき自分がどんな気持ちでいるかに気づかないと、自分を守ることができません。**

たとえば、それはこんな状態です。

木の枝の先に自分の好物の実がなっています。他者中心の人は、どんなに警戒していても、それを目にした瞬間、我を忘れてしまいます。たとえワナが仕掛けてあっても気づかず、武器を落としてかぶりつこうとしてしまいます。

このとき自分中心になっていれば、

「こんなところに、好物の実がなっているなんて、おかしいぞ」

という〝場の気配〟を感じて疑念が湧き上がるでしょう。その情報を元に、安全かどうかを確かめつつ慎重に行動するでしょう。日頃から、自分の感じ方に焦点が当たっているからこそ、状況を察することができるのです。

手に武器を持っていたとしても、自分の危機を感じ取れないとしたら、何の役に立つでしょう。相手と勝ち負けを争う勢いだけで突進すれば、敵ではない相手さえも敵に回して、自らの首を絞めるのが関の山ではないか、そう思います。

こんなふうに他者中心の人は、他者を見ていながら、相手の態度や表情やその思い、あるいはその場の雰囲気を感じ取れないために、**「今何が起こっているのか」**という状況を正確に把握することができないのです。

## すぐに怒る人、いつも服従する人

他者中心になって戦う意識に陥っている人は、無意識に「勝つか負けるか」の脳幹的反応をしたり、自分の心や気持ちよりも、「相手の言った言葉」に敏感に反応したり、言葉そのものに囚われていきます。

たとえば攻撃的な気持ちでいる人は、100の言葉を言われると、その中の一つだけの言葉に反応して、**「その言い方が気に入らない」**と言って怒り出したりするのです。

戦いながらも〝すでに負けた気分〟でいる人はいっそう深刻です。

「黙れ！」と言われれば、相手のその言葉に支配されます。

「しろっ」と命令されれば、相手のその言葉に従おうとします。

「誰にも言うな」と釘をさされれば、その言葉に縛られます。

「愛しているよ」と言われれば、どんなに裏切られても騙されていても、愛しているという言葉にすがります。

そうすることによって、自分に不都合が起こるときでも、結果として自分が傷つくことになったり、自分が相手の責任を被ることになるとしても、相手を恐れているために**「拒否する」ことができない**のです。

# その敵意、相手にはバレバレです

## 知らぬは本人ばかりなり

「関係性」という点においては、自分も相手に情報を発信しています。

自分の態度や表情や行動、言葉の遣い方、言い方といったもののすべてが、相手に与える情報です。

実際には、自分が抱いている思いや感情、意識すらも、相手に伝わっています。自分の思いや感情、意識が自分の風貌、所作、しぐさ、視線、姿勢、服装といったものすべてに顕れていて、それが相手に伝わるのです。私自身は、**お互いに、意識そのものをキャッチし合う能力もある**と信じています。

要するに、自分は隠しているつもりであっても、相手には「バレバレなんですよ」ということなのです。相手が自分の印象をあからさまに「あなたは私に嫉妬しているでしょう」などと面と向かって言うことは滅多にないでしょうから、悟られていないと思っている人もいるかもしれません。

ところが、自分がどういう表情をしているのか、どういう態度をとっているのか、相手にどういうふうに映っているのか、どんな雰囲気を醸し出しているのか。肝心の自分は、自分の顔を見ることができません。ここが最大の盲点です。

## 相手にどんな印象を与えてる?

しかし、自分の顔は見えなくても、自分の〝心〟を見ることはできます。

自分は今、どんな気持ちを抱きながら、その行動をとっているのか。

自分は今、どんな気持ちを抱きながら、その言葉を言っているのか。

自分のその言い方は、気分的にどうなのか。

萎縮しているのか、悲しいのか、つらいのか、嬉しいのか、楽しいのか。感情的になっているのか、辛辣に攻撃しているのか、不快になっているのか、虚勢を張っているのか。怯えているのか、怒っているのか、穏やかなのか、心地よいのか、満足しているのか。

こんなふうに、自分の態度や表情や行動や言った言葉を「自分の感情」で感じ取ることはできます。

自分が感じる感情や感覚や気分といった、**自分の「感じ方の〝実感〟」がすなわち、相手に与えている印象だ**と思っていいでしょう。

「自分がどんな気持ちになっているか、自分でもわからない」

という人は、緊張しているかリラックスしているか、その違いに気づくだけでもいいのです。

### 敵意、好意。感じた通りの関係に

「同僚が自分を無視するので腹が立つ」という男性がいました。

「無視するというのは、どんなときにですか？」

「話しかけても、ロクに返事をしないんです」

「無視されたとき、あなたはどうしましたか?」

「ムッとしたから、その後は、僕も無視しています」

「あなたは、その同僚に対して、どう思っていますか?」

「会ったときから、苦手だと感じました」

「あなたが苦手だと感じるのであれば、相手もあなたをそう感じると思うのですが、どう思いますか?」


**「でも、僕は何もしていません。同僚が先に僕を無視したんです」**

自分に気づかないと、こんなふうに相手を責めがちです。が、お互いに苦手だと感じている場合、本当は、どちらが発信源なのかわかりません。同僚は同僚で、彼に無視されたと思っているかもしれません。

単純に緊張しているかリラックスしているかでも、相手への印象は異なります。自分では自覚なく、無意識に緊張しているのかもしれません。それでも、緊張している自分の姿を相手が目にすると、「自分を攻撃している。否定している。拒否している」というふうに伝わってしまうこともあります。

もしあなたが「来ないで。話しかけないで。近づかないで」という気持ちでいれば、相手は「あなたから拒絶されている」ように感じるでしょう。

こんな「関係性」を無視して正確な状況を把握することはできません。

「私には、悪意なんてありません」と言いたくなったとしても、自分では気づいていない意識が相手に伝わってしまうことすらあるのです。

どんなに表面的には装っていても、もし自分が、相手に敵意を抱いているとしたら、敵意だけでなく、そのよそよそしさも相手に伝わります。もし自分が、相手に好意を抱いていれば、その好意が相手に伝わります。

自分が怯えていれば、脅す人が近づいてきます。それは、根底に「恐怖」という共通する意識があるからです。

良くも悪くも、こんな「関係性」が両者に縁をもたらします。自分の「感じた通りのことが起こる」ということの裏には、こういった意識のメカニズムが働いているのです。

だから**「自分の感情を基準にして、自分の感情に気づく」**ことが大事なのです。

7

# もっと「自分の感情」に敏感になろう

## どんなに必死にガマンしても

ここで誤解を解いておきたいのは、「感情を基準にすると、とんでもないことになる」という思い込みです。

自分の感情に気づかない人、自分の感情を抑えて我慢している人ほど、そんなふうに思い込んでいます。なぜなら、自分の感情を我慢している人は、我慢しているゆえに、諸々の感情を解消できずに、それを蓄積させているからです。

我慢しているということは、自分以外の誰かに不平不満を抱いたり、腹を立てているという場合が圧倒的に多いでしょう。

そんな感情を解消させようとすれば、我慢できずに爆発させるしかなくなっていくために、「自分の感情を大事にすると、とんでもないことになる」と思ってしまうのは、当然のことなのです。

## いつか抑えきれずに大爆発

たとえばあなたが、家族に「明日から一人暮らしするから」と言って、いきなり引っ越しの手配をして荷物を運び出し、賃貸の契約金や家賃を請求したら、家族はびっくりするでしょう。あまりの唐突さに、感情的になって怒り出すかもしれません。そうなると、家族を振り切って出て行くことになるでしょう。

もしかしたらあなたは考えに考えた末に、そんな行動をとったのかもしれません。あなたは、我慢に我慢を重ねて、家を出て行く決心をしました。だからあなたにはあなたなりの理由があります。けれども、一度も相談されたことのない家族にとっては青天の霹靂です。あなたは、

**「相談したら反対されるから、相談しなかったんだ」**

と言いたくなるでしょう。もちろんこれも「関係性」です。

## また反対。どうすりゃいいの？

追い詰められるまで我慢してしまう、こんな環境に育っていると、極端な行動をとりやすいので、「とんでもないこと」になる可能性が高くなります。

争い合うような主張の仕方しかできなければ、いっそう「とんでもないこと」になるでしょう。

他方、一人暮らししたいと思ったとき、早めに親や家族に相談したり、それにかかる費用についても計画的に貯蓄したり、自分のほうから援助を頼むことができればどうでしょうか。

家族も温かい気持ちでそれを応援してくれるでしょう。

大リーグのイチロー選手が、そうでした。

彼が大リーグに行くと決めたとき、周囲から反対されたそうです。そのとき彼は、周囲の反対を押し切って渡米するよりも、周囲の理解を得てから行こうと決断したといいます。

もちろん、そのためには、親や家族があなたの話に耳を傾けられるような「関係性」でなければ成立しない話です。

## 戦わなくても、望みは叶う

自分中心というのは、自分のしたいことがあったら、

「今、すぐに、相手の反対を押し切って、戦ってでも、相手を殴り倒してでも、自分の感情を優先しましょう」

という意味ではありません。

むしろ、そうやって、自分の感情を優先するとトラブルになる、争いになるという人たちは、普段から、自分の感情を見ていないために自分の欲求や願望に気

づいていない人か、自分の欲求や願望を我慢している人たちなのではないでしょうか。

「感情を爆発させる」という形でしか「感情の解消のさせ方」や「欲求や願望の満たし方」を知らないとしたら、このほうが大問題です。いきなり家出してしまうような強硬手段をとってしまうのは、自分の欲求を満たしてあげる適切な方法を知らないからです。

自分の欲求を満たしてはいけない。自分の欲求を満たそうとすると、相手が邪魔をする。こんなふうに思っていれば、邪魔をする「敵」と戦って自分の欲求を満たすしかないと思ってしまいます。

人や周囲に対して「敵意識を抱いてしまう」のは、自分の感情や気持ちや欲求を大事にできなかったからです。**自分の欲求を満たすことと、「戦う」こととはセットになっていません。戦わなくても、自分の欲求は満たせます。**

日頃から、自分の感情を基準にして、自分の感情に気づき、自分の欲求を気持ちよく満たしてあげることは非常に大切なことです。

8

# いきなり激怒、そのワケは？

## 怒りっぽいあの人の頭の中

いつも怖い相手を引き寄せてしまう、という人がいました。

**「なぜか、怒りっぽい人や短気な人とばかり縁があるんです」**

と彼は嘆きます。

今の職場の上司もいきなり怒り出すので、彼は毎日、戦々恐々としています。

ところがあるとき、

**「俺がどれだけ我慢して、お前にしてやっているか、わかっているのかっ！」**

と上司が怒り出したとき、彼は、ビックリしてしまいました。

上司に怒鳴られてビックリしたというよりは、このときは上司の「俺が我慢している」という言葉に「えっ？　まさか」と思ったと言います。

この話を聞いたとき、すぐに上司の意識が私には理解できました。

こんなこともありました。

あるとき、彼が上司に書類を渡してチェックをしてもらっている最中に、急に不機嫌な顔になりました。その少し前までは、普通の顔をしていて、どうして上司が急変したのか、彼にはまったく見当がつきません。

「上司が不機嫌になった直前に、どういったことがあったのですか？」

「それが、まったく心当たりがないんです。上司に資料のチェックをしてもらっているときに、同僚が来たので、同僚と話をしただけです。同僚が去って、上司の顔を見ると、もう、すごい形相になっていました」

「資料に何か不備があったのですか？」

「いいえ、資料には問題はありませんでした」

「上司は、その後、何か言いましたか？」

「なんだっ、お前のためにやってやってるんだぞっ！」

そう言われても、彼には意味が飲み込めません。それを聞くのも怖いために黙ってしまうと、彼のその態度が、さらに上司の怒りを増幅させたようでした。

## こんなにガマンしてるのに…

いきなり怒り出す人には怒り出してしまうだけの、その人なりの論理があります。普通の人にとっては許せてしまうことでも、いきなり怒り出す人の視点からすると、**「自分を馬鹿にしている。なめている」**となります。

いきなり怒り出す人は、いつも我慢しています。傍目にはそうは見えませんが、我慢しているつもりです。第三者の目には「横暴、傲慢」と映る人ほど〝我慢しているつもり〟でいます。

そんな人たちの常套句が、

「俺は我慢してやってるんだ。お前に親切にしてやってるんだ。お前に譲ってやったんだよ。そんな俺の思いやりも理解しないで。俺が怒鳴ってしまうのは、お前らが俺を怒らせるからだろう。お前らが悪いから、怒るしかないんだよ。まったく、お前たちのほうがわかってないんだよっ！」

「敵を愛せ」ではないのですが、元々敵だと思っている人々に「我慢してやっている。譲ってやっている。親切にしてやっている」のですから、腹も立つでしょう。

「こんなにお前に、してやってるのに、お礼の一言もないのか」

「俺がしてやっているのに、その態度はなんだ」

「してやっている俺に、もっと敬意を払え！」

といった思いで一杯なのです。

**〝してやって〟も愛されないことが、「悲しくてならない」**のです。すぐ怒鳴ってしまうのは、そういった人たちの、悲痛な叫びなのです。

### ▼▼▼もっと感謝されたい、好かれたい

もちろんすぐ怒ってしまう人たちのそんな思いは、どうしようもなく一方的です。自分で勝手に相手のことを憶測して、たとえば相手は「お金はいらない」と言っているのに、強引にお金を握らせて、お礼を言えと脅したりするのですから、

脅される側の人にとっては踏んだり蹴ったりです。

件《くだん》の上司はどうして、いきなり怒ったのか。それは、

「俺はお前のために、一生懸命資料をチェックしているのに、どうしてお前たちは、そんな俺に敬意を払わないで、軽口叩いて談笑なんてしてるんだ。ふざけるんじゃない。俺がしてやっている間、お前は俺に感謝しながら、神妙にしているべきだろう」

と考えたからだったのです。その奥には、**「仲間外れになって寂しい」**という気持ちも隠れています。

すぐ怒ってしまう人たちの根底には、**「自分は誰にも好かれない。誰にも愛されない」**という自己不信の根深い思いが巣くっているのです。

第3章

# 張り詰めた関係には
# ワケがある

# 1 ✦ 怖そうに見える、あの人の正体

## どっちに転んでも叱られる⁉

ある女性が勤めている会社は夫婦でやっていて、夫が社長をして妻が副社長をしています。ただ、社長というのは名ばかりで、実際には副社長が商談に出向いたり仕入れに行ったり、さまざまな手配や雑用をこなしたりしています。どちらかといえば、副社長のほうが会社を切り盛りしているという感じです。

そのために、社員である彼女は、仕事の指示を仰ぐとき、どちらに言えばいいのか迷ってしまいます。ときには社長と副社長の意見が対立することがあって、彼女の前で口論になったりもします。

あるとき彼女は、社長の個人的な用事を頼まれました。たびたび社長は、彼女に

私用を頼みます。今社長の私用を優先するとすれば、副社長の件を後回しにすることになります。これまでは無条件で引き受けていたのですが、過去に一度、うまく運ばなかったとき、こっぴどく叱られたことがあったため、このときはどうしようかと迷いました。

決めかねた彼女が副社長に伝えると、副社長は、夫の私用よりも自分のほうを優先するようにと指示しました。その態度から、副社長が社長に対して報復的な気持ちで言っているのがわかりました。

とはいえ、彼女がこのまま副社長の指示に従えば、社長と副社長、二人の争いに巻き込まれるのは必至です。考えあぐねた末に彼女は、自分の口から社長に、

**「これまでは社長の個人的な用事も引き受けていましたが、責任を取ることができないので、これからは、引き受けることはできません」**

と伝えました。

彼女は社長にすごい剣幕で責められるのではないかと思って恐れていたのですが、社長はびっくりするほどあっさりと引き下がったのでした。

## すぐに怒鳴る人の本音とは…

この社長のように、他者に対して敵という思いを抱いている人たちが最も恐れるのは、「責任を取る」ということです。

相手を言葉で責めたりやり込めたり、態度で攻撃したりしているとき、その言動によって自分にどんな責任が生じるかなどということにまで頭が及んでいません。

他者に対して敵という意識を抱いている人は、これまでそうやって自分の責任を棚上げにしたまま生きてきています。なので、**「責任を取るのが怖い」**という気持ちが根底にあるのです。

さまざまな条件で優位な立場にある人たちが「ああしろ、こうしろ」と一方的な態度で命令したり指示するのは、自分が責任を取りたくないという気持ちも秘めています。自分の安全のために、可能な限り人のせいにしていたいと無意識に考えているフシもあります。

自分のとった言動によって生じる責任に対して、それを自覚したり相手に突きつけられたりして冷静になったとき、はじめて自分の中に押し込めていた恐怖を

〝実感〟します。その〝実感〟は、これまでずっと自分の責任に向き合うことを避けていたために、**「全面降伏して自分の城を明け渡し、自分は打ち首になる」**というに等しいほどの恐怖です。

それを回避するために、彼らはさまざまな手を使います。昨日は「Aをするな」と言ったのに、今日は「どうしてAをしないんだ」と怒鳴ったりします。

さっきは「ちゃんと報告しろ」と檄を飛ばしたばかりになのに、その舌の根も乾かないうちに、「これぐらいのことを、どうして自分で判断できないんだ」と言ったりします。

## 実は攻撃ではなく必死の守り

たびたびそんな場面に出くわすと、

「本当に、そうですよね。そんな人って、平気で矛盾することを言いますよね。言うこともすることも支離滅裂で、まったく無責任ですから、呆れてしまいます」

などと不満の一つも言いたくなるものです。

けれども、彼らの言動が明らかに矛盾しているとしても、彼らにとっての最大の目標は「責任回避する」ことです。責任回避したり、責任転嫁をするのが目標ですから、彼らの意識は、言動が矛盾していることよりも、その目的を達成することのほうに注がれています。

この目標達成が優先なので、むしろ、そんな矛盾をつかれて攻撃されれば、感情的になって怒鳴るしか方法がありません。もとより論理で負けているとき、

**「ぶつぶつ文句を言うな。黙って俺の言うことに従っていればいいんだよっ！」**

などと威嚇して、仮に相手を黙らせることができれば好都合です。黙らせるだけでなく、同時に、自分の責任を相手に肩代わりさせることもできます。感情に囚われていれば、〝敵〟と戦うときの「恐怖」も掻き消えます。

「怒鳴る」という行為には、こんないくつもの効用があるのですから、彼らがそれをやめようとしない、あるいはやめられない理由が、少し理解できるのではないでしょうか。しかし、一見便利なこの「怒鳴る」という行為によって彼らは傷つけ合い、周囲を敵対化させ、自らの立場を悪化させているのです。

2

# 敵同士、どちらも幸せになれない

## 表面上は取りつくろっていても

夫に対して、

「本当に、手に負えません。疑り深くて横暴で、人の話はまったく聞かないし、何でもかんでもごり押ししてくるんですから」

とため息をつく女性がいました。

「自分がどれだけ人を傷つけているのか、どうして気づかないんでしょうねえ」

そこで、

「それを夫に言いましたか？」

と尋ねると、

「いいえ、言っても無駄ですから」

だから我慢して従うしかないということだったのですが、

「我慢して従うと、夫は、感謝してくれますか？」

すると彼女は、「まさか」という顔をして、

**「あの人の口から、ありがとうなんて言葉、聞いたことありません」**

と素っ気ない口調の返事が返ってきました。

## 心の中では敵視してる!?

どうして夫は、感謝しようとしないのでしょうか。

私は改めて、

「我慢するというのは、どういうことだと思いますか？」

と聞いてみました。それは、自分の「我慢している気持ち」を自覚してほしかったからです。

我慢して夫に従っているとき、

「夫に心からしてあげたいという、肯定的な気持ちになっていますか?」

「いいえ」

これが彼女の気持ちです。

決して、気分よく従っているわけではありません。

むしろ、我慢している状態というのは、「戦っている」状態と言えるでしょう。

## お互い永遠に満足できない

夫は妻を強引に従わせようとして、妻は従いながら無言で反発するという方法で、戦っています。その手段は違えども、お互いに戦っているのであれば、どちらかが降りない限り、その戦いはエスカレートしていきます。

同じ屋根の下にいて、お互いに相手に腹を立てて「口を利かない」という方法で戦うこともできます。こんな状態になっているときは、相手を責めながら、それぞれに**「自分が我慢している」**という気分に陥っているでしょう。

こうなるとどちらが勝っていて、どちらが負けているのかわかりません。仮にどちらかの一方が明らかに勝っているとしても、「ああ、勝ってよかった。満足、満足」といかないのが、日常的なレベルでの争いなのではないでしょうか。

こんな観点から捉えると、どちらからも「相手が悪い」と見える。しかも、仮に自分が優勢であったとしても、まず、〝心から勝った〟と満足することはない。これが「戦って勝つ」ということの実態です。

**こんな「戦い合う関係性」をやめるには、どちらかが先に戦いから「降りる」しかありません。**

もちろんそれは、相手に黙って服従するということではありません。それでは前記したように、元の木阿弥となってしまいます。

また、「降りる」ということは、負けを意味するものでもありません。一言で言うとそれは、相手を敵と見なす敵意識や戦う意識から、自分の心がどれだけ解放されるかということなのです。

## 「まわりは敵」と感じる人の心中

### 「傷つけられる」といつもビクビク

敵という意識が強い人ほど、相手の言動に神経を集中させているために、相手の何気ない動作や言葉にも敏感に反応して**「敵から攻撃されている。傷つけられる」**というふうに解釈してしまいます。

相手に悪意がない場合でも、自分の予測に反する態度が返ってくれば「自分を傷つけようとした」というふうに見えるし、自分の予測に反する言葉が返ってくれば「傷つけられた」というふうに感じます。敵という意識のフィルターが、そんな見え方や聞こえ方に変換させてしまうのです。

これは、攻撃的な気持ちを抱いている人だけではなく、敵が自分を傷つけるのではないかと恐れている人でも同じです。

なぜなら、「戦いに勝とうとしている人」も「すでに戦いに敗れてしまっている人」も、他者に対して**「自分を脅かす敵だ」**と認識していることには変わりがないからです。

ベースにあるのは「敵」という意識であり、戦いに強い人の中にも弱い人の中にも〝人に対する恐怖〟があります。

つまり、戦いに勝っても負けても、

「相手に、いつ攻撃されるかわからない。いつ裏切られるかわからない。いつ見捨てられるかわからない。いつ寝首をかかれるかわからない」

といったさまざまな恐怖を抱いているのは、勝者も敗者も同じということなのです。これが、敵意識を抱いて戦う人たちの〝実像〟だと言えるでしょう。

## 戦わなければ何も得られない!?

「でも、強い人間が勝つというのは、この社会のルールなんだから、しょうがないでしょう。恐怖を抱いているとしても、戦って勝つしかないし、奪い合わなければ、得られないんですから」

と言う人がいますが、いつも私は思うのです。本当に戦わなければ得られないものなのか、と。

あるときセミナーに集まった人たちに、

「敵と戦って勝てば、何が得られるんでしょうか?」

と尋ねました。けれどもこの問いに、具体的に答えられた人はいませんでした。

「お金持ちになります」

「成功します」

「偉くなります」

「出世します」

これらのどれもが、具体的ではありません。

さすがに、戦って「幸せになれます」という人はいませんでしたが、

「三角関係のとき、好きな人をゲットすることができます」

と言った人もいます。

これらは、本当に、戦えば得られるのでしょうか。戦わなければ得られないものなのでしょうか。これまで長年にわたって心理療法に携わってきた私は、最近とみに、**「戦わないほうが、もっと早く、もっと簡単に望むものを手に入れることができる」**というようにしか思えなくなってきています。

「人を自分の言いなりに従わせられたら、気分がいいじゃないですか」

と、そんな自分になることに憧れる人たちもいます。

たとえば、近所では「腰の低い、善い人」だと言われていても、家では横暴な振る舞いをして家族を震え上がらせる人がいます。社会的には押しが強くて仕事ができると高い評価を得ていても、家族には煙たがられ、そっぽを向かれている人もいます。こんな人は、結局は、「戦って勝った」結果、何を得ているのでしょうか。

## 誰も味方がいない！愛されない！

人生においては「勝者」「敗者」という明確なラインは一切存在しません。

一般的な生活の中で、「完璧に勝つ」「完璧に負ける」ということがあるかどうか。その「勝つ」ということの定義すらありません。

勝った状態というのは、どういうことなのか。お金を持っていることなのか。人から高く評価されることなのか。人より優っていることなのか。では、何に対して勝利すれば勝っているということなのか。

この「勝つこと」の定義そのものも非常に曖昧です。

勝ったという状態の中に**「満足感の質や量」**を問うならば、勝った状態というのは、上を見ても下を見ても無限にあるでしょう。

こんなふうに突き詰めていくと、競技や業績や成績の中にある「優勝という完全なる勝者」のような満足感は、人生においては最初から〝幻〟なのです。

幻というのは、存在しないということです。最初から「存在しない」のであれば、どんなに追いかけても求めても、勝とうとすることで恐怖におののくことはあっても、永遠に満足することはない、と言えるでしょう。

勝っても負けても、それが、「敵」という意識で戦ってたどり着く終着駅なのです。

満足という点で言えば、**「人は敵だ」**という意識そのものがすでに、多くの満足を放棄していると言えるでしょう。言い換えるとそれは、

**「私は相手に好かれない。愛されない」**

と言うにも等しいものです。

敵同士が愛し合うことなど至難の業です。どんなに相手が自分を愛してくれているとしても、自分自身が相手を敵だと認識しているのですから、自分の中に愛を感じる心がなければ、そこに愛はないのです。

すべからく、人は愛されること、あるいは愛し合うことを望みます。

「人は敵だ」という概念は、この「愛を得る」こととは正反対です。最初から愛を得ることを拒否し、自分の周囲のすべての人が敵だという意識で社会に臨んでいれば、「私には、味方が一人もいない。私は誰にも愛されない」という孤立無援の気持ちになるのも無理からぬことではないでしょうか。

「相手は敵だ」という意識が強いほど孤独に陥っていくのは、落下の法則にも等しく当然だと言えるのです。

4

# 「敵」という意識をなくすには？

### もっとラクに生きていくために

「じゃあ、敵という意識をなくしていくには、どうすればいいんですか」

と質問した人がいました。

「敵と思わないほうがいいと言われても、嫌なことをされれば腹が立ちますし、どこかで仕返ししてやりたくなるし、我慢していても、我慢できなくなったら、爆発させたくなってしまいます。口では平和だとか、愛が大事だって言うけれども、人間が争いをやめる日なんて、永久にやってこないんじゃないですか」

もっともな意見です。

確かに、「戦うか逃げるか」という反応がある脳の構造上、敵だという意識をこの世から、すべて消してしまうことはできないでしょう。生命を守るために危機に反応する脳がある以上、戦うことをこの世から一掃してしまうこともできないでしょう。

けれども、自分自身に限って言えば、敵意識や戦う意識を減らしていくことは可能です。

なによりも、絶えず、

**「相手が、自分に危害を加えるのではないか」**

と脅え続けるというのは、つらいものです。

「戦って勝たなければ、自分の目標を達成することはできない」

「相手をやり込めてでも、相手を押しのけてでも主張しなければならない」

というふうに、戦い続けるのも疲れます。

だからといって、

「もう、戦いに疲れたから、人生を放棄してしまえ」

となるのでは、生きていることが虚しくなってしまうでしょう。

## 「お互いを尊重し合う」関係作り

そんな意識から解放されていけば、随分とラクな生き方ができるでしょう。

それには、お互いを「尊重し合う」ことが基本原則です。

こんなふうに言うと、

「そんな言葉は、誰だって知っていますよ。日本憲法の13条にも『すべて国民は、個人として尊重される』って謳ってありますからね。そんな絵空事を言ったって争いはなくならないし、だいたい、相手を尊重していたら、損するし、攻撃されるんだから、たまったもんじゃありませんよ」

などと言われてしまうかもしれません。けれども、もしそう思う人がいるとするなら、それは、**「自分自身を尊重できていない」から**だと言えるでしょう。

私が意味するところの「尊重し合う」というのは、漠然と「それぞれを個人として尊重しましょう」というような、観念的なことで終わってしまうような〝尊重〟ではありません。

もっと厳密に捉えて、より具体的なところに焦点を当てていきます。

しかもその尊重は、相手よりも、まず「自分を尊重する」という視点に立っています。

### そもそも自分を大事にしてる？

この「自分を尊重する」という基本原理は、敵意識から生まれる自分の感情に苦しんでいる人ほど、重要です。

なぜなら、敵意識を抱いていると、相手や周囲を窺って警戒したり、外側の動向に過剰反応するなど、絶えず「他者中心」の意識に囚われてしまうからです。緊張しながら外側にアンテナを張ってしまうために、自分に関しては、まるっきり手薄になってしまいます。

**他者は敵だという意識に囚われている人ほど、「自分を尊重する」ことを知らず、自分をないがしろにしてきた人であると**言っていいでしょう。

相手を敵だと見なしている人たちの言動は、一見、傲慢そうに映ったり生意気に見えたり自信ありげだったりします。けれども、そんな態度をとってしまうの

また、他人のこと考えてる…

は、元を正せば「自分を尊重できないでいる」からなのです。

もちろんその裏には、自分を大事にして生きてきた人たちには窺い知れない強い恐怖を抱えています。中には、それを自覚できない人もいます。

自分と向き合うことが怖いと思っている人ほど、自覚することを避けたがるでしょう。

けれども、その結果、どうなるかは、これまで述べてきた通りです。

5

# 相手と自分の境界線を引き直す

### 家族が面倒を見るのが当たり前!?

ある家庭では、暴君さながらに振る舞う祖父を恐れて、祖母も息子も嫁も孫も、彼の言いなりになっています。

もしある日、こんな祖父を除く家族全員が、一斉に引っ越してでも、これまで「してあげていたこと」から手を引いてしまったとしたら、どうなるでしょうか。

非現実的かもしれませんが、想像してみてください。

祖父はその時点から、これまで「人がやってくれて当たり前」のことを、自分でしなければならなくなります。

自分の部屋は自分で掃除しなければなりません。自分のものは自分で洗濯をしたり料理を作ったり食器を洗ったりしなければなりません。買い物もゴミ出しも自分です。家計のやり繰りも自分でしなければなりません。布団の上げ下ろし、クリーニングなど、その他こまごまとしたものすべてを、自分でしなければなりません。

本来これらは、自分自身のことですから、自分自身の「選択の自由」です。したくなかったら、しない。したかったら、する。「するかどうか」は、まったく個人の自由です。しかし、**自分がしたくないからといって、自分のことを他者に強制してやらせることはできません。**なぜなら、それは、「他者の自由」を侵すからです。

### 誰ひとり、従わなくなった瞬間…

ところが「他者の自由」を侵して家族にさせていた祖父は、そうなった瞬間、何一つひとりではできない自分に気づかされ、茫然自失となってしまうでしょう。

一転、気を取り直してやろうにも、やり方がわかりません。洗濯物の畳み方一つとっても技術です。料理の作り方、食器の洗い方にも手際のよさが要求されます。そのどれもが、長年培ってきた技術です。すぐに習得できるわけではありません。時間がかかります。何から始めていいかもわからず途方に暮れるでしょう。

何もできない自分に苛立ったり、激高して物に当たったり投げたり、暴れたりするかもしれません。癇癪を起こしてガラス窓を割ったり、壁を壊したり、部屋をゴミだらけにしてしまうかもしれません。

それでも、家族の誰ひとり、祖父に従わなくなってしまったら、自分の〝敗北〟を認めざるを得なくなるでしょう。

なぜならそれは、「戦って相手をねじ伏せる」という唯一の武器がまったく通用しなくなってしまったということを意味するからです。家族の立場からすれば、非常に割り切った言い方に聞こえるかもしれませんが、**「祖父の選択を祖父に任せ、その選択の結果生じる責任も、祖父に返した」**というだけに過ぎません。

一筋縄ではいきませんが、簡単に言うと、これが「戦いから降りる」ということなのです。

これを自分中心心理学では**「選択の責任」**と呼んでいます。もちろんこれは、私の造語です。が、「自分を認める。相手を認める」ための基本概念として、こんなにぴったりな言葉はないと自負しています。

## どんな関係を築くかは本人次第

その後の結末をどうするかは、家族次第です。

祖父があくまでも我を通せば、孤独に陥っていくでしょう。

孤独が身に染みて諦めていけば、城が炎上してしまうように、自分が築いてきたものすべてが一気に崩落するでしょう。

やがて、他者にもたれきっていた自分の依存性が浮き彫りになり、孤独に打ち震えるかもしれません。高齢であれば、孤独になって見捨てられる恐怖に怯えはじめるかもしれません。自分がいかに家族を必要としていたのか、その上に胡座《あぐら》をかいていたのかに気づくかもしれません。

あるいは、このとき祖父の中に、家族に「済まなかった」と詫びる気持ちと、感謝の気持ちが芽生えれば、家族の再構築が始まる可能性もあるでしょう。

その未来がどうなるかも、祖父と家族の「関係性」なのです。

もっとも、残念ながらこれでハッピーエンドとはならないかもしれません。なぜなら祖父がこの争いに白旗を掲げたとしても、今度は残る家族たちの間で、新たな争いが勃発する可能性が高いからです。

こんなふうに家族が固まって密着していれば、どこまでいってもロシアのマトリョーシカ人形のように、その「関係性」は依然として変わらないからです。

この「関係性」を好ましい関係にもっていくには、**「私を認める。相手を認める」**ことが不可欠です。しかもそれは、象徴的な言葉だけに終わるのではなく、日常生活の場面場面においてお互いを認め合う、具体的なスキルが重要となってくるのです。

6

# なんでもかんでも抱え込まない

## 「〜しなければならない」の重圧

「責任」という言葉を聞くと、プレッシャーを覚えて耳を塞ぎたくなってしまうほど、毛嫌いしている人もいるかもしれません。でもそれは、「責任」ということを過剰に大きく考えているからです。

しかも漠然としたイメージや〝気分〟で、重く捉えてしまっています。あるいは、気づかずに他者の責任を肩代わりしています。**大半の人が、無自覚に他者の責任を肩代わりしている**でしょう。

自分の人生のベースが「〜しなければならない」からスタートしている人は、まったく取る必要のない責任も「取らなければならない」というふうに思い込ん

でいます。自分の責任ではないにもかかわらず、

**「取らなければならない。でも、できない」**

と自分を責めてはその罪悪感で自分を苦しめたり、他者を責めては、「他者を責める自分」にさえも罪悪感を覚えたりと、二重の罪悪感で苦しんでいるでしょう。

悩みや苦しみが多い人、不幸な人、そして敵意識の強い人ほど、他者の責任の肩代わりをしているはずです。

もっともそれは、実際的に責任を果たしているという意味ではありません。逆に、心が「責任」という重い鎖で束縛されていて、その罪悪感からしばしば逃避という形で表れるため、傍目には「怠け者」と映ることが大半かもしれません。

### ときには「頑張れ」の声に耳を塞ぐ

たとえば、家庭や職場で誰かに「頑張れ！」と言われると、それだけでプレッシャーを感じるものです。そのプレッシャーがプラスに作用して発奮する起爆剤になればいいのですが、精神的につらいとき「頑張れ！」と言われ続ければ、

いっそう、心がくじけてしまいます。

どうしてでしょうか。それは、その「頑張れ！」という言葉の言外に、

**「もっと頑張らなければ、ダメじゃないか。今のままでは、人生の敗北者だよ」**

というようなメッセージが紛れ込んでいるからです。

しかも、そんな重圧感に加えて、

「人生に勝利するには、戦って勝たなければならない」

という敵意識があれば、その責任は、途方もなく巨大なもののように感じるでしょう。

### 頑張るかどうかは自分が決める

そもそも「頑張れ！」という言葉には意味がなく、「頑張れ！」と言われたからといって、解決能力が育つわけではありません。

「頑張れ！」イコール「もっと戦え！」であれば、敵意識だけが育っていって、心がくじけている人は、いっそう怖くなったり自信をなくしていくだけでしょう。

これを前記した「選択の責任」で解釈すると、「親が私に〝頑張れ！〟と発破をかける」としたら、その「頑張れ！」というのは親の思いであって、親がそう思うのは、親の自由だ。けれども、それは〝私〟とは関係がない。と、このように解釈します。

親が、自分に対してどう思おうが期待しようが、「親の自由」あるいは「親の勝手」です。その言葉を鵜呑みにして、それを自分に課す必要はありません。

**私が頑張るかどうかは、「私の選択の範疇」です。**
**私が頑張るかどうかは、「心から、私の自由」です。**

誰にも、自分の心を支配することはできません。

「でも、〝頑張るかどうかは、私の自由〟だなんて、とても思えません」

と即座に答えた人がいました。

もしあなたがこんなふうに罪悪感を覚えたり、抵抗したりしたくなるとしたら、そんな人ほど「心の自由」を取り戻す必要があります。

7

# お互いの領域には立ち入らない

## 自分が関わる範囲を決める

・親が私のことを、どう思おうが期待しようが、それは親の勝手です

職場でも同じです。上司が私のことを、どう思おうが、上司の勝手。人が自分のことをどう思おうが、その人の勝手。それぞれの「自由」です。同様に、

・私が心の中で、何をどう思い、どう考えようが自由です

私には、私の自由がある。親や上司や人の思いに沿う必要は、まったくない。私は、私が具体的に選択した事項、あるいは引き受けた事項に関してのみ、責任を負う。あるいは責任を果たす。つまり、

**「個は、それぞれに選択の自由がある。そして個は、その選択に対する責任が生じる」**

この基本原理を理解できればできるほど、相手に縛られず、「私を認める。相手を認める」ことができるようになっていくでしょう。

## 責任は「自分の分だけ」でいい

私たちはついつい、相手の期待に「応えなければならない」、相手の言うことに「従わなければならない」というふうに思ったり反応してしまいがちです。けれどもこの境が見えないと、取る必要のない責任に対しても責任を感じて無用の罪悪感で苦しむことになるでしょう。「責任」を重く捉えてしまうと怖くなって、責任回避したり、責任転嫁したくなるかもしれません。

責任を過剰に捉えている人ほど、理解する必要があります。難しく考えることはありません。要は、こういうことなのです。

同様に、

・私が所有している家と敷地があります。これは私のものです

・隣人が所有している家と敷地があります。これは隣人のものです

**お互いに、相手の敷地には、無断で入らない。入りたいときは、相手に同意を求めて許可を得る。**たったこれだけです。

・隣人が無断で入ってきたら、私には断る自由があります

・もちろん私が隣人の敷地に無断で入ったら、隣人には断る自由があります

単純なことですが、それを認め合うことが大事です。

## たったこれだけで揉め事が減る

頭で捉えると、すぐに理解できると思います。でもそれは、頭でわかったつもりでいるだけで、日常生活になった途端、しばしば「お互いの敷地の境」が見えなくなってしまいます。だから問題が起こるのです。たとえば、

・職場の同僚が、仕事をサボるのは、その同僚の自由です。サボることの責任は、その同僚に帰します

頑張っている人ほど、そんな同僚を否定したり批判したくなるでしょう。が、それは「その人の自由」という捉え方をします。厳密には、「そんな生き方をするの

は、その人の自由」ということです。

それが認められないと、「どうしてお前は、サボってばかりいるんだよ」と、感情的になって相手に否定的に関わっていくために、争っていくことになるでしょう。

「でも、サボるのは自由なんて言っても、そのことで、自分の仕事が捗らなかったら、どうするんですかっ。実際に迷惑かけてるじゃないですか！」

まさにここなんです。**「私の仕事に関わってくる」ときにはじめて、「私と相手との問題」として、対処していく**ということになります。

多くの人がこの両者の違いを認識できないために、むやみに相手の敷地内に踏み込んだり、自分の敷地内に踏み込まれたりして、争いが勃発するのです。

もしこの両者の違いを、日常生活の場でも理解できていけば、さまざまな問題に巻き込まれたり、自ら争いを引き起こしたりしないで済むために、これまでの悩みの大半が〝不要〟のものだったのだと気がついて、心が解放されていくでしょう。

自分が「しなければならない」と思い込んでいた幻の責任からも「自由になる」ことができるでしょう。

8

# まわりとのトラブルが絶えない人は…

## 物の見方が歪んでいるのかも

ある男性は、相手を打ち負かさなければ主張できない。戦って勝たなければ自分の思いは通らない。力でねじ伏せなければ、相手は自分に従わないなどと思っています。

そのせいでしょう。定石通り、相手が自分の予測することと少しでも違った動きをすると、「自分を否定された」と受け取ってしまいます。

被害者意識が強い彼は、すべての人が敵であるために、気になる相手の何気ない所作や造作でも、**「相手が自分をわざと傷つけるためにしている」**というふうに捉えます。

実際には、自分の中にそんな敵意があるために、明らかに彼のほうが挑戦的である場合が多いのですが、彼自身は、そうは思えません。

そんな彼がしばしば、いきなり怒り出すことがあります。その理由の多くは、

**「こんなに我慢してやっているのに。こんなにお前の顔を立ててやっているのに。ここまで譲ってやっているのに」**


というふうに考えているからでした。

その怒り方があまりにも唐突で激しいために、周囲の人は「いったい、何が起こったのか」と、訳がわからず面喰らいます。

周囲の人たちは次第にそんな彼が怖くなって去って行ってしまうため、彼はそんな自分に直面するたびに傷つき、いっそう「自分は人に愛されない、厄介者だ」という被害者意識に囚われていくのでした。

こんなふうに敵意識を強く抱いていると、「自分は人に愛されない、厄介者だ」という思いが心の底にどっかりと居座り、物の見方もそこをベースにして始まります。

そのために、相手の敷地内に土足で踏み込んでしまうのです。

## ▼▼▼ 親切にしたつもりが通じない!?

では、どうして「してやった」というふうに思ってしまうのでしょうか。

それは、他者を敵だと認識しているからに他なりません。

敵に対して、相手のために心から自分の欲求として「私は~してあげたい」とは思わないでしょう。

「してやった」という言葉に象徴されるように、本来敵なのだから、してやる必要はないけれども、寛大な気持ちを示すために、「親切にしてやる。助けてやる。我慢してやる。譲ってやる。温情をかけてやる。認めてやる」というような思いに置き換えられてしまうのです。

しかも問題なのは、しばしばその「してやる」という思いが、**「自己本位な思い込み」**だったり**「見誤った憶測」**だったりする点です。

たとえば職場で、同僚の女性が熱心に手作業をしていました。側にいた先輩の男性が、

「それは違うよ。こうやるんだよ」

と言い終わる間もなく、彼女の仕事を横取りしてしまいました。彼女は自分を無視されてムッとするのですが、**「親切にしてあげている」つもり**の彼は、気づきません。

終わった後、彼女が心から「ありがとう」と嬉しそうにすれば、にっこりと満足そうな笑顔を返したかもしれません。けれども迷惑だと思っていた彼女は、素直にありがとうと言うことはできません。

そんな彼女の表情や態度を見て、彼は傷つき、

**「君が困っているので手助けしてやったんだ。こんなときは、お礼を言うべきだろう」**

と腹を立てたのでした。

やってあげている彼としては、「俺がやってあげているのだから、君は側にいて、感謝の気持ちで俺の作業を見守る必要があるだろう」と考えるからなのです。

ではこのとき、彼女が、「じゃあ、任せてしまおう」と思って、その場を離れてしまえば、どうなっていたでしょうか。

やはり彼は傷ついて、

「なんだ、俺にやらせておいて、お前はサボるのか」

と腹を立てていたでしょう。

こんな彼のように、「相手の敷地内」に了解を得ずに侵入してしまえば、結局、どう転んでも自分自身を傷つけてしまうことになるのです。

## ▼▼▼「この一言」さえ言えていれば…

もしこのとき、彼が最初に、

**「一人で大変ですね。何か僕にできることはありませんか?」**

と気軽に声を掛けることができれば、彼は傷つくこともなかったでしょう。

ところが彼はこの一言がなかなか言えません。

コミュニケーション能力に乏しいことが一因ではあるのですが、それ以上に、**「相手の同意を得る」**という、普通の人にとっては簡単にできることが、彼にとっては〝甚だしくハードルが高い〟と感じられるのです。

それは、相手に断られることを恐れているからでした。このとき彼女が、

「いいえ、大丈夫です。お願いしたいときには、声を掛けますね」

と断れば、彼はそれを〝屈辱〟と受け取るでしょう。

敵意識に囚われている人は、相手が自分の望む通りの言動をとらないと、それだけで〝傷つけられた〟という感じ方をします。敵だと認識している相手に断られれば、傷つくのも道理でしょう。

そんな恐れから、彼は「傷つけられない」ために、先制攻撃を仕掛けて自分に従わせようとしていたのです。

こんなふうに、敵という思いを抱いていると「傷つけられること」を恐れながらも、実際には、「いっそう自分が傷ついてしまう」ような言動をとってしまうのです。

### 主張すべきときに主張できない

奇妙な話に聞こえるかもしれませんが、人に敵意を抱いている人ほど、内心では恐れていながら、どんどん危ない方向へと進んでいきます。トラブルを恐れながら、トラブルが起こる方向へとフラフラと引き寄せられたり、自分からトラブルを引き起こしていくのです。

どうしてそうなっていくのでしょうか。

それは、「本当に自分を主張すべき」ときには、恐れて何も言えないからです。**自分にとって自分を尊重すべき肝心なときに、自分を優先できないのが、敵意識が強い人の、最大の脆さ**なのです。

気分的に天涯孤独のような心境で生きているある男性は、親と縁を切っています。

「他人なんて、信用できない。人には頼らない。自分の力で生きていく。ましてや親なんかには、絶対に世話にならない。親に頭を下げるくらいなら、死んだほうがましだ」

などと言います。

それでいて、実際には、自立して生活できているわけではありません。仕事に就いても争ってはすぐに飛び出してしまうため、まともに働くこともできず、借金を重ねています。正直なところ、定石通りです。

誰も頼る人がないという気持ちを持っていれば、自分ひとりの力でなんとかしなければならない、と思います。四面楚歌のような気分になって、焦ったり不安になったりするでしょう。

人を敵だと思っているので、誰も自分を助けてくれないと信じています。もし誰かが現れて親切にしてくれたとしても、相手のさまざまな無償の行為が信じられず、**「自分を騙すんじゃないだろうか。自分を裏切るんじゃないだろうか。何か魂胆があって自分に近づいてくるんじゃないだろうか」**などと猜疑心を抱きます。

そのために「人に助けを求める」ことができません。そのスキルもありません。

その一方で、ひとたび相手を信じてしまうと、誰かに頼りたい、甘えたいという気持ちが一気に噴き出して、全面的に依存しないではいられなくなってしまいます。それこそ、相手の敷地内に無断で侵入していって居座り、我が物顔で傍若無人な振る舞いをし、無理難題を要求します。当然の帰結として、争いが起こります。

こんなふうに、敵意識を抱けば抱くほど、人と勝ち負けを争って戦う恐怖だけでなく、傷つけられる恐怖、責任を突きつけられる恐怖といった幾重もの恐怖と戦って生きることになるのです。

第4章

# 「手強い敵」もみるみる消えるヒント

1

# 争わず思い通りに生きるために

## 「戦いから降りる」ことを知ろう

一般的な社会生活の中にあっては、被害者と加害者との境界も曖昧です。他者に勝とうとする人も、他者が怖いと怯えている人や警戒している人も、結局は、「人と戦っている」ことには変わりありません。

戦っている大半の人が、「自分の負けたところ」を拾っては悔しがります。**「私は正しい。相手が悪い」**という思いを抱きながら戦います。

そういう意味では、被害者はいても加害者はいない。正しい人がいても間違った人がいない。人々の意識の中では、被害者と正しい人しかいないのに、争いが絶えない。これが日常生活における戦いなのではないでしょうか。

それに、敵と戦って勝てばうまくいくと思っている人は、その思いとは裏腹に、いくつもの恐怖を抱えながら生きています。自分が戦いの被害者になっても、加害者になっても、さまざまな恐怖から解放されることはないでしょう。

そんな諸々の恐怖を手放すためには、「戦いから降りる」しかありません。

もちろん「戦いから降りる」というのは、〝負ける〟ということではありません。相手に服従するということでもありません。

前記したように、**「相手の敷地、自分の敷地」との境を明確にして、お互いにその所有を認め合い、無断で侵入しない**ということなのです。

### ▼▼▼争いを恐れて裏目に出ることも

「人と付き合うのが怖いんです」という女性がいました。

警戒心が強くて、話をしていてもそれを感じます。そんな彼女に、職場の同僚と問題が起こりました。同僚が作成した書類にミスが多く、それを訂正していると、彼女の負担が増すばかりです。

彼女に、解決するための方法を尋ねると、

「他の人に頼んで、注意してもらいます」

と答えました。

「もし、他の人が、その同僚に注意したとしたら、あなたに対して、どんな印象を抱くと思いますか」

「反省してくれると思います」

「悪かったなあと反省して、あなたにごめんなさいと、詫びると思いますか」

私にそう問い返されて、

「あ、そうだ。自分のことを告げ口されたと思うんですね」

と気がつきました。

そこで、私は改めて、

**「これは、誰の問題でしょうか」**

と尋ねました。

「同僚と、私の問題です」

「そうですね」

## 怖がらずに話し合うプロセスを

このような場合、当事者同士が「一対一」で向き合って話し合い、具体策を出し合うことが望ましいのです。

すると彼女は、しばらく考えてから、

「じゃあ、〝あなたができないんだったら、別の人に頼んでくれないかなあ〟と、本人に言うのはどうでしょうか」

と答えました。

これはどうでしょう。もしこれが、相手と平和的に話し合った結果、結論として相手が自分で自覚して「できない」ということになったのであれば問題ないでしょう。

ただし、その前に**〝話し合う〟というプロセスを省略することはできません。**結論として、「私は、できません」と、相手が自分のできないことを受け入れた場合は、適切でしょう。けれどもいきなり言ってしまえば、その言葉は、相手に、「どうせあなたはダメな人間なんだから、できないんだったら、さっさと他の人に頼みなさいよ」というようなメッセージを送ることになります。

他者を恐れている人は、自分が直接向き合うことを回避するために、自分の代わりにやってくれる誰かを探そうとします。ところがそうやって、自分の問題を問題として自覚できないと、彼女のように間違った対応をしてしまい、かえって問題をこじらせてしまうような結果となりやすいのです。

彼女に必要なのは**「自分の問題には、自分が向き合って解決しよう。自分の責任を果たそう」**という勇気です。もちろん、それは「すぐに、必ず実行しなければならない」と言っているわけではありません。

親子関係や家庭環境で、怯えてしまうような経験をしている人にとって、怖い相手と向き合って解決するというのはかなりハードルの高い話です。

それでも、少しずつ「向き合っていく努力」は不可欠です。

なぜなら、それが「自分を守る力」を身につけるということだからです。

2

# お互いを認め合いながら主張する

## 相手を認められない人の言い方

では、理想的な解決方法というのは、どういうものでしょうか。

まず、根本的な問題は、どれだけ相手の生き方の自由を認めることができるか、という点です。それを認められないと「他者中心」になって、相手の敷地内をどんどん荒らしていきます。その思いが、態度や表情、言葉、行動といったものに顕れます。

自分が直接手を下したくなければ、誰かに頼んだり、命令したりしてやらせようとするでしょう。直接相手に言うとしても、

**「君ができないから、みんなが迷惑しているんだよ」**

などと脅すような言い方をしたり、

「みんなできてるんだから、君だけができないというのは、おかしいだろうっ」

などと相手を否定して、相手の敷地を占領してしまうような勢いで攻撃してしまうでしょう。

根底に、相手を認めない意識が潜んでいると、

「君ができないと思うんだったら、早めにできないって言ってくれたほうが、僕たちは助かるんだよ」

などと、どんなに丁寧な言い方をしたとしても、言われたほうは問答無用に自分の能力を否定されたように聞こえるでしょう。言葉をどんなふうに言い換えても、「相手の自由」を認めていないと、相手の敷地内を踏み荒らす語調や言い方になってしまうのです。

## 自分も相手も認める人の言い方

他方、互いの自由を認め合う「自分中心」の意識であれば、こんな言い方にな

るでしょう。

まずは、「相手の自由を認める」ことは基本です。

これは、裏を返せば「私は、私の自由を認める」ということです。

頭では誰でも理解できます。しかし、その認めるということに、どれだけ〝心が伴っている〟か、これは、人によってレベルがあります。「私の選択の自由」を認めている人ほど、「相手の選択の自由」も認められるでしょう。

私の自由を心から認めると、その分量だけ、争いから降りることができます。さらにまた、相手の自由を心から認められると、その分量だけ、争いから離れることができます。

この原則を踏まえ、相手の生き方の自由を認めた上で伝えるとしたら、

**「私自身の問題として、私の仕事に影響している点を、解決したいんです。だから、この点について、どう解決できるか具体的な案を出していきたいので、話し合う時間をとっていただけませんか」**

という言い方になるでしょう。相手の自由を認めるか認めないか。基本の入力

設定が「自分中心」であれば、言葉もそれに適った言葉が自動的に選択されていくのです。

このとき自分の意識は、相手のほうに向かってはいません。自分の意識は、「自分自身の仕事の問題点」にピンポイントで絞られています。ここが肝心です。それ以外のことには意識が向かないので、相手の個人的な生き方や性格などを否定することもありません。

これが「戦いから降りる」ための、非常に有効な方法です。

### ▼▼▼同僚と仕事の分担を決めるなら?

「戦いから降りる」には、まだ、足りないものがあります。

それが「責任」です。

自分の自由な選択には、その選択に関する責任が伴います。**お互いが「選択の自由」と「その選択の責任」を果たせてこそ、**自分の人生から「戦うこと」が遠くなっていきます。

## 責任の範囲を、しっかり確認

この例で言うと、たとえば、

「僕は、〇日までに、これを仕上げて提出しなければならないんだ」

「ああ、そうなんだ……」

「僕がやり繰りできる日程は、今週の木曜日までなんだけど……、やるよ」

「じゃあ、お願いするね」

「わかった」

「もう一点。もし、今週の木曜日までに仕上がらなかった場合、君に代替案はあるのかなあ」

「……そのときは、別の人に頼んでいいよ」

「わかった。じゃあ、木曜日までに仕

上がらなかったら、他の人に頼むということで了解です」

こんなふうに、もしそれが、**「できなかったら、どうするか。その代替案を出しておく」**ことが、「責任」なのです。

人によっては、こんな方法は、厳しく聞こえるかもしれません。けれども、争いから降りるには、お互いの責任を明らかにすることが最も有効なのです。相手のほうも言い争うよりはずっと楽だと実感するでしょう。

「私は、少しずつ、戦いから離れていこう」

と決断すると、今まで「戦わなければならない」というふうに映っていた社会が、一変して見えるかもしれません。

実際に、戦うことから身を引こうと努力している人たちからは、

「戦わないって、こんなにラクだったんですね」

という声が届きます。

戦わなくても、「自分を守ることができる」のです。

3

# 押さえつけられると反撃したくなる

### 姑のわがままに、もうウンザリ！

他者と争って、力で相手を動かそうとしても、お互いに傷つくばかりです。感情的になってしまうために、問題解決するよりも、次第に「戦うこと」が目標になっていきます。

そうなっていけば、知らず知らずのうちに、さまざまな日常生活の出来事を、「仕返しをするための材料」として使いはじめるでしょう。

多くの家庭が、我慢しながら戦って、**「仕返しごっこ」**を展開しています。

義母の世話をしながら病院通いに付き添い、子どもと夫の世話をして、疲れ果ててしまったという主婦がいました。

義母は、彼女がどんなに尽くしても、不満を口にします。「ここが痛い、あそこが痛い」と言われれば、良心とも罪悪感ともつかない痛みで心が疼き、義母の面倒で一日が終わってしまうこともしばしばです。


「ご主人はどうされているんですか」

こんな状況になっている妻たちに尋ねると、ハンコをついたように、

「毎日、仕事で帰りが遅いんです」

という答えが返ってきます。彼女の場合もそうでした。

「休日は？」

「付き合いだ、接待だと言っては、外に出かけることが多いですね」

と冷静な口調で答えるのですが、

「そのことで、夫に相談したことはあるんですか」

と尋ねると、

**「争ってばかりいて、何度言っても聞いてくれないので、疲れてしまっています」**

ほらね、二人は仲良しでしょ？

それは夫も同様でしょう。
実は、こんな状態になってしまうその奥には、戦い疲れた人たちの心が横たわっているのです。

### 一見、親孝行に見える夫が実は…

「ご主人とお義母さんとの間は、どうですか」

「とても親孝行だし、仲がいいですよ」

と彼女は言います。

でもそれは、**彼女が犠牲になっているために、成り立っている「仲の良さ」**です。

親孝行という自分の言葉に惑わされ

ている彼女の目には、仲が良くて母親を大事にしていると映ります。

「もし本当に仲が良かったら、夫は、喜んで母親の面倒を見たがるのではないでしょうか。あなたはどう思われますか」

「ええ。だから、誕生日だ、母の日だと言っては、私に、〝これを母親に買ってやれ〟と言うんですよ」

「それを買いに行くのは誰ですか」

「私です」

こんなふうに話をしていってようやく彼女は、夫の「親孝行」の正体を見たような気がしました。

## 妻を利用して母親に「仕返し」

彼女は義母に対して思うことを、義母ではなくて、夫に伝えます。夫に伝えたほうが角が立たないと思っているのです。

「けれども、夫は、一向に聞いてくれません」

と彼女は不満を漏らすのですが、夫は自分の母親に主張することができません。心の中では、**母親に「自分の自由」を奪われた心の傷みを抱えていますが、それに向き合おうとしない夫**には、無理な話なのです。

夫の視点から捉えるならば、

・母親に従わなければならないと思っている
・大事にしなければという思いもある
・反面、母親に対する抵抗もある
・かといって、母親と向き合う勇気はない

こんな思いのすべてを叶えてくれるのが、妻でした。

妻に、自分の役割を押しつけてしまえば、このすべてが叶います。**自分では面倒を見ないという〝仕返し〟**も果たすことができます。その手伝いをしているのが、妻だったのです。

# 無用の罪悪感に縛られていませんか？

### 本当は、したくないのに…

そもそも、義母のことは、彼女の責任ではありません。それは、まずは、義母自身の問題です。

どんなに「あっちが痛くても、こっちが痛くても」、そんな生き方を選択してきたのは義母です。その結果の責任は義母にあります。**嫁（彼女）がその痛みのために、自分を犠牲にしてまで責任を負うことはありません。**

こんなふうに断定的に書くと、

「なんて非情なことを言うんだ」

と反発したくなったり、罪悪感が湧き上がる人も多いでしょう。

それでも、「戦いから降りる」には、これを理解することが先決です。

本当は、〝したくない〟にもかかわらず、**「しなければならない」**という思いからイヤイヤ面倒を見ていれば、苛立ちや怒りといったマイナス感情が生まれるでしょう。**「させられている」**という思いに囚われれば、憎しみや恨みすら湧いてきます。

そんなさまざまな感情が自分の中に渦巻けば、互いにひどい言葉を浴びせ合ったり、牙を剥いて争い合ったり、一方的にむごい仕打ちをしながら面倒を見るということになってしまいます。

それでも、精神的経済的に自立できていなければ、離れることもできません。**「くっついて争い合う」**というのは、こういうことなのです。

さまざまなケースに出合うたびに、こんな責任の「肩代わり」が問題を複雑にし、こじらせてしまう元凶だと言わずにはいられません。

次に、これは「母親と息子」の関係である夫の問題、という捉え方をしましょう。

夫が解決すべき問題を、妻が肩代わりするから、問題がどんどん悪化していくのです。

妻は、義母の責任を肩代わりし、夫の責任の肩代わりをしています。彼女が犠牲的に振る舞えば振る舞うほど、おのおのが「自分の責任」を自覚できずに、他者に依存していくことになります。

家族の誰もが、他者に自分の責任を押しつけて、「自分のことは自分でする」という基本を忘れていけば、責任を取る怖さや自信のなさから、いっそう依存的になっていき、争い合いながらもその状況にしがみつき離れることができなくなっていくでしょう。

### 相手の問題まで抱え込んでしまう

妻が争ってまで離れられない最も大きな理由は「罪悪感」です。

妻として、夫の世話を焼かなければならない。母親として、子どもを愛さなければならない。嫁として、その務めを果たさなければならない。**「しなければならない」と信じていれば、それをしないと罪悪感に襲われます。**

けれども本来、相手のことは自分の責任ではありません。

「自分のことは自分でする」というのが基本です。

その責任も自分にあります。

自分の「自由」とその「責任」は、どこまでもセットになっています。

これを取り違えると、相手に自分のしたことの責任を押しつけたり、相手の責任を肩代わりして苦労したり、肩代わりできないからといって「罪悪感」を覚えたりするのです。

## 近しい間柄ほど関係がこじれがち

もとよりこれは、自分が感じる必要のない罪悪感です。

それは、自分の敷地内を荒らされ、物品を奪われていながら、「もっとよこせ」と要求されたら必死にそれに応えようとするだけでなく、果てには、相手の要求に応えられないからと「罪悪感」を覚えるようなものです。

親子や家族という身近な関係になると、どうしてもその近しさから、相手の敷地内に遠慮もなく踏み込んで荒らしてしまいがちです。しかも、荒らしておきながら、その責任を放棄したり、相手に転嫁させたりしています。

お互いに相手の敷地を認めることができれば、どれほどの争いが消えてなくなることでしょうか。どんなに罪悪感から解放されることでしょうか。

この基本がしっかりと自分の中に根づいていけば、親子であっても身内であっても、**親しい間柄であっても、相手がしてくれたことにはすべて「ありがとう」と言いたくなる**でしょう。

こんな基本を踏まえてこそ、お互いに感謝を持って「協力し合う、助け合う」という、心地よいプラスの関わり方ができるのです。

5

## 愛しているのに、不満でいっぱい!?

### 家族に尽くして何が悪いの?

こう疑問をぶつけてきた女性がいました。

「じゃあ、私が夫や子どものために一生懸命尽くすのは、いけないって言うんですかっ」

その言い方が、とても攻撃的でした。きっと彼女は、我慢しながら「相手のため」に生きていて、「愛したい」という欲求や感情からではなくて、「愛さなければならない」という意識を強く抱いているのでしょう。

**「愛したい」**と**「愛さなければならない」**とでは、日常の過ごし方や接し方が根本的に違ってきます。

「愛したい」であれば、自分の気持ちや感情も大事にできます。

けれども、「愛さなければならない」では、自分が嫌いでも、したくなくても、つらくても、苦痛を覚えてでも、自分を犠牲にしてでも、〝しなければならない〟と自分にそれを強い、自分を縛っていくことになってしまいます。

「愛」を観念的な視点からだけで捉えると、頭が混乱してくるでしょう。

自分に「愛さなければならない」と強制する結果、相手にも、

**「私がこんなに努力して愛しているのだから、あなたも、私を愛する努力をしなさい。感謝しなさい。それが思いやりというものじゃないの?」**

と、相手にも自分を愛すべきだと強制し、それが得られないと、

**「どうして私の努力に報いないんだ」**

と怒って相手を攻めて争い合う結果となってしまいます。

「愛する」には〝心〟が最も大切であるはずなのに、「愛さなければならない」と自分に強制すると、その〝心〟がすっぽりと抜け落ちてしまうのです。

## いつもそうしたいとは限らない

「私は家族を愛しています。家族を大事にしたいのです」

自分のそんな思いは大切にしたいものです。

仕事をしていても、家族への愛情から、

「休日は一緒に過ごしたいし、どこかに連れて行ってあげたい」

と思うでしょう。

けれども、いつもいつもそうだとは限りません。

むしろ、「いつも、いつも、そうでなければならない」と自分に強制するところから、争う心が生じます。

自分のペースに愛情があっても、ときには**「うるさいなあ」**と思うこともあるでしょうし、**「一人にさせてくれ」**と言いたくなるかもしれません。

愛しているから子どもや夫にお弁当を作ってあげたいと思っても、毎日、毎日、作ってあげたいという気持ちであふれているわけではないでしょう。

「今日は、作るのが面倒くさいなあ」

と思う日もあるでしょう。

作っている最中に夫が横で「あれを入れてくれ。それは嫌いだ」などと口出ししてくれば「邪魔しないでよ」と腹が立つかもしれません。

子どもが、横から、「それ、もっと入れてよ」と注文をつけたり、「これ、今、食べていい？」などと聞いてくれば、

「うるさいなあ。あっちに行っててよ」

と、苛立った言い方をしているかもしれません。疲れていれば、

「私、眠たいんだから、休みの朝ぐらい、ゆっくりさせてよ」

と不満をこぼしたくなるでしょう。さらには妻が、

「休みの日ぐらい、あなたたちが私に作ってくれても罰は当たらないんじゃないの」

などと嫌味っぽい言い方をしてしまうとしたら、すでに〝冷たい戦争〟が勃発しています。

もしこんなとき自分中心になって、お互いに認め合う関係を築いていたとしたらどうでしょうか。

**「今日は、ゆっくりしたいから、出かけるのは、午後からでいいかなあ」**

と〝自分の気持ちを大事にする〟ために、相手に伝えることでしょう。

**「お休みのときは、家事から解放されたいんだ。だから協力してほしい」**

などと自分から働きかけて、「どうするか」を話し合うことができるでしょう。

これは「自分がそうすること」を心から認めているから言える言葉です。自分の気持ちを大事にしたい。相手の気持ちも大事にしたい。そう思っています。

互いの敷地の境を認識しているかどうかで、その場が戦場になるか充実した時間や満足できる時間になるかが決まるのです。

### 相手も求めているとは限らない

家族を「愛さなければいけない」という思いに囚われていると、自分の「今、これをしたい。したくない」という欲求や気持ちのほうを疎かにしてしまいます。

自分の気持ちを無視してまでも相手のために生きたり、相手がすべきことにまで手を出してやってあげるということは、「相手の敷地に無断で侵入していって、相手の家や敷地内を掃除してあげるようなもの」です。

**「私は、親切でそうしてあげているんだから、どこが悪いの？」**

と思うかもしれません。

けれども、隣家の敷地内が、自分の目から見てどんなに汚く映ったとしても、それは隣家の自由です。**それを認めないことから、争いが始まっていく**のです。

もしあなたが、自分の部屋や引き出しやバッグを無断で開けられたり、引っかき回されたりすれば「ありがとう」という気持ちにはならないでしょう。あなたが大事にしているものを、赤の他人が勝手な判断で「これ、いらないな」と捨ててしまえば、許せないと思うでしょう。いきなり、

「あんなものより、こっちのほうが性能がいいよ。お前のために俺が買って交換しておいたから、使うんだぞ」

と人に押しつけられても、感謝する気持ちにはならないでしょう。

こんなふうに、どんなにその行為が愛情によるものであっても、相手の自由を侵害すれば、そこから敵意識が芽生えていくのです。

6

# 絶対に「そうですね」と言わない人

## 否定的な反応にはワケがある

人と勝ち負けで戦っている人は、「そうですね」といった共感の言葉だけでなく、相手の気持ちに沿う言葉や「わかりました」という了解の言葉もなかなか使いません。これも、相手を疑っていて信じられないからです。

相手が、

「今日は、一日かけて整理したので、スッキリしたわ」

と満足そうな顔をしていると、

「そうか、それはよかった。ご苦労さま」

とは言いません。

**「整理するのに一日潰してしまうのは、毎日やってないからだろう」**

と相手の達成感を台無しにしてしまうような皮肉を返したります。

友人が、

「職場で仲の良かった人が、会社を辞めるので、寂しいなあ。辞めるなんて、これっぽっちも言ってなかったんだよ」

とがっかりしていても、

「そうか。それは寂しいなあ。何も言ってくれなかったんだ。ちょっと残念だね」

とは言いません。

**「会社の人間関係なんて、そういうもんじゃないの」**

などと、ばっさりと切り捨ててしまいます。

同僚が、

「俺今、手が離せないから、これ買ってきてくれないかなあ」

と言えば、

「忙しそうね。わかったわ」

と言うよりは、

**「どうして、私が行かなくちゃならないのよ」**

と答えてしまいます。

## 同意するのが怖くてたまらない

こんなふうに、相手の心や気持ちに寄り添うよりも、相手の言葉を否定したり覆そうとしてしまうのです。

どうしてでしょうか。それは、一つには、相手の言ったことに同意すると、「相手が要求することを、すべて呑まなければならない」と思ってしまうからです。「負ければ」相手に従うことになってしまいます。

敵意識の強い人にとっては、「そうだね。わかった」という言葉は、相手に屈服するにも等しい意味であり、禁句なのです。

二つ目の理由は、それに応じてしまうと、どうしていいかわからないからです。

勝ち負けを争う人の選択肢は、「話に乗るか、乗らないか」のどちらかです。

日頃から戦っているために、戦う言葉を知っていますが、仲良くしたくても、その方法も言葉も知りません。

戦うことしか知らなければ、人と親しくすることは困難でしょう。戦うことでしか身を守れない人の人生には、戦いがついて回ります。

戦わないためには、**「戦わないで身を守る」方法**を身につけていく必要があります。その基本原理が、これなのです。

・自分の敷地は、安全に保証されている
・お互いの敷地内には、無断で侵入しない
・お互いの敷地を行き来するときは、同意を求めて許可を得る
・それぞれの敷地は自分で管理し、責任を果たす

戦いから降りるだけでなく、できるだけ「戦いの中に身を置かない」ためには、この原則をどれだけ身につけることができるかにかかっているのではないでしょうか。

## 相手に踏み込ませない一言を

多くの人に最も欠けているのが、相手が自分の敷地内に無断で侵入しようとしたとき、自分の意志を持って、

**「ここは私の敷地内です。入るときは許可を求めてください」**

と〝堂々と〟述べる行為です。

これができないために、相手が敷地内に入ってきて家のドアを開けたときは既に、敵に襲われるという恐怖心から銃を構えていて、

「入ってくるな！」

と、銃をぶっ放すような過剰反応で、全面戦争に突入してしまうような言動をとってしまうのです。この〝自分の意志を持てない〟というのが、敵意識を抱いて戦っている人たちの「最大のウィークポイント」ではないでしょうか。

「意志の強さ」というのは、「何がなんでも自分の我を通す」ということではありません。強引に押して相手を納得させたり、相手を打ち負かしたりしてでも自分の主張を通すことが「意志が強い」というのは、とんでもない勘違いです。

**自分の気持ちや欲求や希望を〝気持ちよく優先できる〟。**そんな自己肯定感の高い感覚を指して、**「意志が強い」**と称すべきでしょう。

## ▼▼▼自分が「どうしたいか」伝えるだけ

たとえば「今日は、ジムに行って汗を流そう」という予定を立てていたとき、友だちから「今、みんなと一緒だから、出て来ないか」と誘われたとしましょう。

もしこのとき、ジムに行くという自分の予定を曲げて、渋々出かけて行ったらどんな気持ちになるでしょうか。一緒にいればそれなりに楽しいでしょうが、自分の予定を曲げたことは心に残ります。

仲間が自分のことを「軽く見ている」ように感じるという男性が、まさにこんなパターンで動いていました。

「いつも、今日はどうだ。今から来いよって、僕の都合などお構いなしなんです」と彼は憤慨するのですが、「呼ばれれば、すぐに出向く」というパターンを作ったのは、彼自身です。

## 今日はゴメン、また今度

「呼べばすぐ出て来る奴」というイメージが定着すれば、**仲間は自分の都合で呼んだり、彼の都合は後回しにしたくなる**のが「関係性」なのです。

しかも、そんな関係性を築いてしまうと、仲間は「出て来るのが当たり前」の感覚になっています。

そうなると彼自身も断りづらくなるだけでなく、仲間もまた、断られると気分を害して「だったら、いいよ」と乱暴に答えたくなるでしょう。

もしかしたら、それが仲間との関係をギクシャクさせる発端になるかもしれません。

他方、自己肯定感の高い人は、ジムに行きたかったらその誘いを、

**「ありがとう。嬉しいな。今日は予定があるから、今度誘ってよ。僕は○曜日だったら、空いているから」**

というふうに軽快な気分で断ることができます。

「そんな軽さで応じていたら、相手は気分を悪くするんじゃないですか」

と相手への印象が気になるかもしれませんが、それが思い込みなのです。

実はこんな軽さが**「意志を持つ」**ということなのです。

その軽さの中には、

・私は自分のしたいことを、心から認めている

・私は自分のしたいことを、意志を持って気持ちよく優先することができる

こんな質の高い自己肯定感が培われています。

これが意志を持つということです。

こんなふうに普段の生活においては、自分が意志を持って決めれば、誰もそれを邪魔することはできないのです。

第5章

# ラクに思い通りに生きるレッスン

## 「自分中心に生きる」レッスン

### もっと自由にラクになれるはず

これまで説明してきたように、お互いを認め合うためには、自分の敷地と相手の敷地の境を明確に自覚する必要があります。

この捉え方を日常生活に取り入れるとすれば、「私が自分の敷地内で、誰かに具体的に迷惑をかけることでなければ、何をしようと、どう行動しようと、何を考えようと自由」ということです。

同様に、相手に対しても、「相手が自分の敷地内で、誰にも具体的に迷惑をかけることでなければ、何をしようと、どう行動しようと、何を考えようと自由」ということになります。

こんな発想ができると、常識だから、一般的だから、するのが当たり前だから、みんなそうするから、男だから、女だから、夫だから、妻だから、子どもだから、仕事だから、社員だから、部下だから、上司だから、社長だからといった、さまざまな「だから〜しなければならない」という囚われからかなり自由になることができるでしょう。

この「自由」の中には、**「私が人のことをどう考えようと自由」**ということも含まれます。もちろんこれも同様に、**「相手が、他の人のことや私のことをどう考えようと自由」**ということになります。

たとえば、「私が会社のある一人の同僚を〝大嫌い〟」だと思うのが自由であれば、「会社の誰かが、私のことを〝大嫌い〟」であっても、それはその人の自由となるでしょう。自分を嫌いと感じている人に、「私を好きになりなさい」と強制することはできません。ましてや「争って、自分を好きにさせる」ことなどできるはずもありません。

得てして私たちは「他者の考え方や生き方が自分と異なる」と、それを否定したり批判したり、ときには自分の考えや生き方を押しつけようとしてしまいがちです。

そこから争いが始まって、相手に対して敵意が高じていけば、

**「あんな人、私の目の前から消えてしまってほしいわっ」**

**「あんな奴、さっさとクビになってしまえばいいんだよ」**

などと口走ってしまうほど、相手のことが心と頭を占めるようになっていくでしょう。

お互いの自由を認められないと、こんなふうに否定的な関係のまま、相手との距離をどんどん縮めていって、怒り、憎しみ、恨みといった感情に、自分自身が苦しむことになってしまうのです。

### ▼▼▼嫌いなあの人から遠ざかると…

「相手の自由だ」と考えると、

「相手のすることを認めなければならないから、苦しくなってしまいます」

という人がいます。もしこんな気持ちになるとしたら、「認める」ということを、

「相手が自分の意に染まないことをしても、それを認めなければならない」

「相手の言うことを認めて、相手の言うことに従わなければならない」

あるいは、

「相手が私を傷つけても、それを許さなければならない」

こんなふうに捉えている可能性があります。

そんな人ほど、ためしに「戦っている相手、敵だと思っている相手」を思い浮かべながら、

**「相手がどんな生き方をしようが、どんな人生になっていこうが、それは相手の自由なんだ。私とは関係がない」**


この言葉をつぶやいてみてください。

どんな気持ちになりますか。こうつぶやくと、「私」から、相手が遠くなっていく〝感覚〟を体感できるでしょうか。

声を出して何度も言ってみると、より〝実感〟できるでしょう。

すぐこの後で「そんなことして、何になるんだ」などと、頭で打ち消す思考を

してしまいそうになる人ほど、繰り返し、〝実感できる〟まで声を出して言ってみてください。なぜなら、そういった人こそ、相手が自分から離れて遠くなる感覚、相手への囚われから解放されて〝心が楽になる感覚〟を是非とも体感してほしいからです。

他者や社会に対して〝敵〟だという意識を抱いている人や怯えている人にとっては、まったく「体験したことのない感覚」かもしれません。

この〝感覚〟を実感した後で、

**「今まで、私は何をしていたんだろう。どうしてあんなにイヤな人とくっついていたのだろう」**

と答えた人がいました。

「目の前の霧が晴れたようです」

と。

相手が怒りながら生きようが、戦いながら生きようが、要領のいい生き方をしようが、ずるい生き方をしようが、その人の勝手です。〝私〟とは関係がないことです。

その人が職場で怒った表情をしていようと、感情的な言い方や責める言い方をしようと、怠けようと、それも自由です。

こんな言葉を、声に出してみると、どんな気持ちになるでしょうか。

この言葉を実感する間もなく、

「そんなあ、相手の自由だなんてっ。じゃあ、その人が、私に迷惑をかけたらどうするんですかあ。それも自由というのですかっ」

といった言葉で打ち消したくなるとしたら、もう、敵意識のスイッチが入っています。そんな敵意識から解放されるために、「相手が遠くなる感覚」の体感が必須なのです。

実は、この感じ方の違いが「他者中心」と「自分中心」の違いなのです。

## 心もどんどん前向きに変わる

「相手が自分から離れて遠くなった」自分中心の感覚を体感できると、心に変化が起こります。

・まず、相手に一般常識や自分の良識を押しつけたり、相手に変わることを期待して要求することが減っていきます。そんな思いから解放されるだけでも、随分と心が軽くなるでしょう

・相手に無用に干渉しなくなるために、これだけで無数の争いが起こらなくなっていくでしょう

・さらに重要なのですが、相手に向かっていた意識を自分に引き戻すと、目の前で起こっている出来事に対して、「私は、私のために、この問題やトラブルを、どう解決しようか」という捉え方ができるようになってきます

・そして、「私のために、私自身が行動しよう」となっていくのです

「相手がどう生きようと自由なんだから、それを否定することはできない。**できるのは、〝私〟に何らかの不都合なことや被害が具体的に生じたとき、私が、私のために行動することだけだ**」

というシンプルな意識に立ち戻ることができるのです。

2

# 「自分のためだけに動く」レッスン

## 同僚は花形部署。自分は貧乏くじ

うまくいったとしてもあまり報われない難しい仕事を一任された、といって悩んでいる人がいました。彼は、

「同僚たちは同情はしてくれるけど手伝ってはくれません。課長は作業が進んでいるかどうか、しょっちゅう小うるさく催促したり、あれこれ口を出してきます。取引先はわがままだし、楽な仕事をしている同僚は花形部署に異動したというのに、自分だけがいつも貧乏くじを引かされて、誰もわかってくれないし、助けてもくれないし、評価されないんです」

と訴えるのでした。

「他者中心」になっている人ほど、こんなふうに他者や周辺の状況のほうに焦点が当たるために、人のことばかりに囚われていきます。

## 無関係のことばかり気にしてる

けれども、前記したような「それは相手の自由」という捉え方をしたら、どれほど他者中心の意識が自分を苦しめているかに気づくでしょう。

たとえば、

・同僚が、手伝ってくれるかどうかは、同僚の自由です
・課長があれこれと口を出すのは、課長の自由です
・取引先がわがままなのも、取引先の自由です
・楽な仕事をしている同僚が花形部署に異動したというのは、「私にとっては、まったく関係のない」ことです
・「わかってくれない。助けてもくれない。評価されない」ことも、基本に則るならば、他者の選択の自由です

いずれにしても、これらのことを相手に強制することはできないし、ましてや戦って変えることはできません。

こんなふうに列挙していくと、**いかに自分が「自分にとっては関係のないこと」で気に病んだり、腹を立てたり、勝手に傷ついたり、争ったり、失望したりして無駄なエネルギーで自分を消耗させているか**がわかるのではないでしょうか。

## もっと自分のできることに集中

では、そんな状況で、「私が行動できること」はなんでしょうか。

・仕事のA、B、C、Dのうち、A、B、Dは自分でやれそうなので、Cを同僚に頼んでみよう

・課長に対しては、何を望んでいるかを具体的に聞いて、「これに関しては、3時間後に報告します」などと具体的に提案してみよう

・取引先が望んでいることをもっと煮詰めるために話し合いの場をもってみよう。その前に、「Aについては、譲れない。Bについてはまだ、保留の状態だ。Cにつ

いては、この点は譲歩できる」などと、自分のスタンスを具体的に決めておこう
・もしどうしても、負担が大きいと感じたら「どこができないかを説明できるように整理して」から、上司に再調整してくれるように頼んでみよう

このように、一つ一つの問題について、**「私自身が、私のために、私を大事にするために何ができるか」**という発想をして行動できれば、考えることも行動することもシンプルになって、他者と争うことが激減するのではないでしょうか。

この「私を大事にするために」という中には、「私を守るために」ということも含まれています。

こんなふうにして見ていくと、結局は、「自分自身が、自分のために行動できていなかったり、自分を守ること」ができずに、あれこれと他者中心になって悩んだり、勝ち負けを争っていたりしていたのだと気づくのではないでしょうか。

私を大事にするため、私を守るためであれば、**「私だけを見ていて大丈夫」**なのです。不思議に思うかもしれませんが、むしろ、「自分のためだけ」の視点からスタートしたほうが、はるかに争いから降りていられるのです。

3

# 「宿敵との争いを降りる」レッスン

## 相手の正体を暴いてやりたい

姑と争っている女性が、

「人あしらいがうまくて、近所では優しいお婆さんで通っているんです。みんなから姑が優しくてよかったわねと言われると、無性に腹が立ってきます。どんなに自分に非があったとしても、したたかだから、絶対に謝ろうとしないんです」

と、悔しそうな顔をしました。

悔しいことがたくさんあったのでしょう、彼女は、姑が**「人あしらいがうまい。ずる賢い。したたかだ。恥知らずだ」**を強調します。

けれども、先の原則に従うならば「どんなに性悪な姑であろうが、どんなに厚顔無恥な生き方をしようが、それは姑の自由だ」という捉え方になります。

姑と彼女の関係性で言うなら、二人の争いをエスカレートさせているのは、彼女であるとも言えるでしょう。

彼女の立場に立つと、姑のほうが悪いように見えるでしょう。けれども姑の立場に立つと、嫁が悪いと見えています。それぞれがそれぞれの立場で**「相手が悪い」**と見えるために、「なぜか被害者はいても加害者がどこにもいない」というのが日常生活における争いです。

## 「私が正しいので、謝れ」!?

それに、彼女が姑のことを悪しざまに攻撃したくなるのは、相手も必死だからです。姑がそんなに必死になるということは、姑からすると、彼女を手強く感じているからでしょう。

お互いに手強い相手と戦っているのですから、殴り合いながら「私が正しいので、謝れ」とつかみかかっても、相手が謝るはずもありません。

仮に相手を打ちのめし平伏させたとしましょう。しかし、相手が恐怖から「悪かった」と謝ることはあるとしても、心からそう思っているわけではないでしょう。その場では頭を下げても、のちに報復のチャンスを狙うかもしれません。

多くの人が戦いながら「心から、謝れ」と要求しますが、すでに戦っている状態であればあるほど、無理な話なのです。

お互いの主張を感情論で言い募っても、争いが激化するだけです。具体的な対策がなければ、**「相手と戦うことが目的」**となって、戦うために戦いを挑み、その戦いは果てしなく続くでしょう。

もし本気で相手に自分の非を認めさせたいと望むのであれば、具体的な証拠を集めることです。事件を扱うように、現場写真を撮り、電話の声を録音し、証言者を捜すというふうに、相手が反論できないぐらいの物的証拠を集めて、その責任を突きつけることです。

ときには、弁護士に相談したり、警察に通報せざるを得ないようなこともあるでしょう。できるだけ、そうならないためにも、本気で自分の正しさを証明したいと思うなら、具体的な対処方法をもって行動すべきです。

### 嫌味を言われてもササッとかわす

ところで、冷静に考えれば「戦っているときに、相手が謝るわけがない」と判断できるにもかかわらず、多くの人たちが、どうして戦う相手に自ら近づいていってしまうのでしょうか。どう考えても、益になる相手ではありません。

それは、自分の中に**「悔しい」**という強烈な感情が残ってしまうからでしょう。それを解消できないために、近づいていってしまうのです。

ではどうして、「悔しい」という感情を解消することができないのでしょうか。

一つには、我慢しているからです。自分の気持ちを優先できずに、義務や「しなければならない」で動いているからです。

はっきりとは自覚できなくても、無意識のところで沸々と感じていて、それを蓄積させています。感情的になって争うとき、その「沸々」が一気に噴き出してしまうのです。

つまりその「悔しさ」は、普段の自分が「自分のために行動していない」ことの証であると言えるのです。

たとえば姑が電話で、

**「孫が私に反抗するのは、あなたが私を嫌うように仕向けているからじゃないの」**

と彼女に嫌味っぽく言ったとします。

けれども、姑が子どもと一緒にいるときに、姑がそう感じたとしたら、

「これは姑と子どもの二人の問題だ」

という捉え方をします。

ですから、彼女はあれこれ気を揉むよりは、

**「そうですか。そんなふうにお義母さんに感じさせてしまうことがあったのですね。それは傷つきましたね。では、子どもと直接お話をされてはいかがでしょうか。子どもに電話を代わりますか？」**

などと答えて、その話題からさっさと身を引いたほうが、嫁姑戦争を避けることができます。

# 「相手の挑発に乗らない」レッスン

**▼▼▼どう思われようが、関係ない**

ある場面では、夫が風邪を引いて寝込んだとき、姑がこう言いました。

**「毎日忙しくて、疲れがたまっていたのね。優しい子だから、無理をしてるんじゃないかって、心配してたの。休日ぐらいゆっくりできればいいのにねえ」**

と言葉はソフトですが、彼女には「息子が病気になってしまったのは、あなたが大事にしないからでしょう」と責められているように聞こえます。

戦う意識があると、その言葉に自動的に反応して、

「ゆっくりするもなにも、いつも帰りが遅いし、休日だって仕事だからって出かけていくんですから。私だって困ってるんですよ」

などと、言い返してしまうでしょう。

けれどもこのとき彼女が、

「姑がどんな気持ちになろうが、私に対してどう思おうが、それは〝姑の自由〟だ。私とは関係がない。私が姑を納得させることはできないし、それに反応していけば、私が不快になるだけだ」

そう考えることができれば、「相手が仕掛けてくる争いに乗るのはやめよう」と決断できるでしょう。そして、

**「はい、ありがとうございます。そうですね。二人で話し合って、お互いに協力し合おうと話し合ったばかりなんです」**

といった言い方で、その話を終わりにできれば争わないで済むでしょう。

こんなふうに彼女が「争わないで自分を守る」方法やその表現スキルを知っていれば、我慢しないで済みます。

自分が自分のために行動できれば、少々意地悪な相手であっても、強引な相手であっても、あるいはまったく相手が変わろうとしなくても、自分自身の満足度

が高くなります。

自分自身を守ることができれば、心理的な距離が遠くなります。

そうやって、小さな場面から我慢しないでいる自分を育てていくにつれて、精神的に自立していけば、未来のあるとき、過去を振り返って、

「どうして、あんなくだらないことで悶々として悩んだり、接着剤のようにくっついて争い合っていたのだろう」

と、自分のそんな過去が遠い昔のように感じられるかもしれません。

## 争えば争うほど関係は激化

もう一つの大きな理由として、どんどん相手に関わって争ってしまうのは、そうすることで「悔しい」という思いがいっそうエスカレートしていくからです。

大多数の人がいまだに、争って勝てば満足するのではないかという幻想に惑わされています。そのために、その幻想を求めて戦おうとします。

しかし、勝ち負けで「完全に勝った」と満足することはない、というのはこれ

まで述べてきた通りです。どんなに戦っても満足するどころか、互いに「悔しい」という感情は増幅していきます。争っていけばいくほど、その感情に囚われていくのは火を見るよりも明らかです。

争っていけばいくほど、自分の感情は、解消するどころか、どんどん増幅していきます。それこそ、相手が自分の目の前から消えてしまわない限り、鎮火しないでしょう。とはいえ、仮にそんなチャンスが訪れたとしても、蓄積した感情がすぐに霧散してしまうというわけでもありません。

**争いから降りない限り、さまざまなマイナス感情の蓄積を止める手立てはないのです。**

それでもやめられない最大の理由は、**「孤独感」**です。

私たちの周囲には人があふれているので、普段は〝孤独〟ということを自覚しないで済みます。けれども、実際に孤独に追いやられれば、いたたまれないほどの恐怖を覚えるでしょう。

誰でも「独りでいるのは寂しい。誰かと一緒にいたい。自分に構ってくれる相手がほしい」と欲求します。それは、誰かに「愛されたい。愛し合いたい」という根源的な欲求です。

争っても、そんな根源的な欲求が満たされるわけではないのですが、孤独であることよりは〝まだ、まし〟です。争うことでしか人とコミュニケーションをとることができない人は、その〝まだ、まし〟を求めて争いを仕掛けていくのです。

そんな無意識の欲求も織り交ぜながら争っていくので、争いに乗れば乗るほど、争い合う関係は激化していくことになるでしょう。だから早めに降りたほうが、「悔しい」という感情を最小限にとどめることができます。

## 早いうちに会話を打ち切ろう

理想は、「争いそうな気配」を感じたら、相手と会話を続けるよりも、ただちに、「どうやって、今のこの会話を打ち切ろうか」

と考え始めることです。

もしあなたが、そんな気配を感じたとき、たとえば、

**「争いたくて話をしているわけではありません。私自身も、争って傷つきたくないんです。だから、この話は、今日はここまでにさせてください」**

などときっぱりした態度をとって、自分のほうから能動的に「争いから降りる」行動ができたとすれば、あなた自身が、どれほど満足感に満たされることでしょう。

一度でもあなたがこんな体験をすることができれば、相手の挑発に乗らないでいられた自分を、この上なく誇らしく感じるに違いありません。争いに乗っていかないと、そんな自負心が自然と蘇ってくるのです。

そして、そうやって争いの世界から遠くなっていくと、次第に、争いに乗っていかないほうがはるかに快適な毎日を過ごすことができると確信するようになっていくでしょう。

5

# 「堂々と相手に主張する」レッスン

## 攻撃的な人ほど主張が苦手

相手に敵意を抱いて攻撃的になる人ほど、自分の中に恐怖を抱え込んでいます。これまで言ってきたように、他者を攻撃する人は、他者に攻撃されてきた人です。他者を傷つける人は、他者に傷つけられた人です。意図せずに人を攻撃したり傷つけてしまう人は、自分がされてきた過去の傷みを癒せないでいるだけでなく、「平和的な人との関わり方」の具体的なスキルを知らない人たちです。

そのために、仮に戦って相手を動かすことができたとしても、過去のさまざまな恐怖は解消されないままでいます。

相手を怒鳴って従わせたとしても、相手と戦うということ自体が恐怖を生産することになるし、相手を脅せば脅すほど、反撃や復讐を恐れることにもなっていきます。そのために、自分では自覚できないほど恐怖を抱えています。

事実、「そんなの嘘でしょう」と言いたくなるかもしれませんが、他者を傷つける言葉をズバズバと平気で言ってしまう攻撃的な人たちの大半が**「主張するのが怖い」**と言います。

そんな人の多くが、小言を言ったり怒鳴ったりしているとき、相手と向き合ったり、視線を合わせていないことに気づいたことはありませんか。

実際に試してみるとわかります。

## 大事な人には何も言えない!?

ひどい言葉、汚い言葉、人を侮辱するような言葉をグサグサと平気で言える人は、たいがい、相手と視線を合わせていません。合わせないと、平気で言える気分になるのです。

自分が絶対的な優位に立っていられる場合はいっそう安全です。お店の従業員の人、宅配の人、窓口係の人に対して吊し上げるような勢いで苦情を言ったり、家族の中の弱い立場の者や部下といった相手に対して、どれだけでも横暴な態度になったり、いくらでも暴言を吐きます。それを快感とする人もいるでしょう。

でもそれは、向き合う必要のない相手に対してだけです。

反対に、**「愛してほしい人。自分が求めている人」に対しては、軽く言える一言すら過剰に恐怖を抱きます。**

たとえば、ある父親は自分の娘に拒否されることを最も恐れていました。

あるとき娘が、

「午後にバイク便が届くんだ。今日、それを受け取って、人に渡さなければならないの。でも、急用ができて、出かけなくちゃならないんだ。悪いけどさあ、この時間には、ここにいるから、持って来てくれない？」

と父親に頼みました。

娘の頼みを断れない父親は、その日、約束があったにもかかわらず、キャンセルしてしまいました。その相手は、父親にとって、「優先順位の低い人」あるいは、自分が優位に立っていて「傷つけても安全な人」でした。

しかも、父親に頼んできた当の娘本人が、その親から学んでいるように、友だちに誘われて断れないために、父親に頼むということだったりするのです。

夫を見下している妻や、妻に横暴な夫の中に、自分の肉親・兄弟姉妹には何も言えない、という人たちが多いのは、こういうことなのです。

### 「本当の強さ」って、こういうこと

この例のように、相手にとって「傷つけても安全な人」となっているために、たびたび約束を伸ばされたりドタキャンされたりしていた女性が、あるとき、

**「私と約束したことは、ちゃんと守ってください。守れない約束ではなく、守れる約束をしてください」**

と言い渡しました。その言葉には、「今後もこんな扱いを受けたら、あなたとの関係を見直します」という決意がみなぎっていて、それは彼女の、自分に対する「宣言」でもありました。

彼はうろたえましたがとりつく島もなく、「いつでも、どうにでもなる相手」という思いがあっただけに、強いショックを覚えました。初めて彼が、彼女と向き合った瞬間でした。

「意志を持つ」というのは、こういうことです。

この強さには、争いがありません。

もし彼が争いを仕掛けてきたとしても、その争いに乗らなければ、争いになりません。敵と戦うという意識がなければ、土台、勝負そのものが存在しません。

彼女が覚えたこの〝感覚〟が、自分の意志を明確に持ったときの、何ものにも優る心地よさだと言えるのです。

これまで述べているように、ごく一般的な生活の上では、相手が自分のことにどう反対しようと、自分がそれに同意しなければ、まったく強制力はありません。

**「私がしたくないのであれば、したくない」**

と、何のわだかまりもなく意志を持って決めていいのです。

もしあなたがこんな意志を持つことができれば、戦う人は戦う相手を失って、ど

私の決意、お伝えします！

うすることもできません。

さらにそうやって、自分が戦わなければ、「戦う人」は自分の元から去っていくでしょう。

その結果、自分に残る人たちは、戦わないで話し合える人たちになっていきます。

決して争ってはいけない、ということではありません。多少争ってしまうとしても、**お互いの気持ちを解消できるように「話し合う」**ことができれば、

さらに戦わないで済む、安全で心地よい関係を築くことができるようになっていくでしょう。

# 「相手の戦意を失わせる」レッスン

## 自分の仕事を奪おうとする同僚

同僚が自分の仕事もどんどん奪ってしまうので困っている、という女性がいました。

「奪うというのは、どういうことですか。あなたの役割と同僚の役割とがしっかりと決まっているのに、あなたの役割までも、勝手にやってしまうということですか」

と質問すると、彼女は、

「いえ、役割は決まっていません。誰がやってもいいんです。**でも、私が先輩だから、上からきた仕事は、私を通すべきではないでしょうか**」

というふうに彼女は主張するのですが、お互いの役割がはっきりしていないのであれば、同僚に、それを強制することはできません。

同僚からすれば、「自分は彼女と同じ職位なんだから、彼女の指示を仰ぐ必要はない」という主張になるでしょう。

「それぞれの役割を明確にするとしたら、その決定を上司に一任するか、全員で話し合って、上司が決定するということになるでしょう」

「上司には、何度か言ったんですが、『お互いに話し合って、うまくやってよ』と言うだけで、とりあってくれないんです」

上司からすれば、同僚がそうやって積極的にどんどん仕事をこなしていく姿は、「能力が高くて信頼できる部下」というふうに映るでしょう。

もしこのとき、上司が同僚に対して、彼女の名前を出して「○○さんに相談されたんだけど、君は～」などと言えば、同僚と彼女の関係が悪化する可能性も出てくるでしょう。

### まるで三角関係のような心理戦

この場合は、上司が中心になって、それぞれの役割を明確に決めてしまえば、仕事の進行上での問題は解決します。けれども本当の問題は、実は、仕事以外のところにありました。

簡単に言うと、これは、恋愛で起こりがちな「三角関係」と似ています。男性（上司）をゲットしようと二人で張り合っているのですから、問題が起きないわけがありません。**仮に彼女にまったく張り合う気持ちがなかったとしても、相手がそう思わなければトラブルが起こる**のです。

たとえば、こんな場面があります。

ある人が相手（Aさん・Bさん・Cさん）と話をしているときに、「はあ〜」と深くため息をつきました。

その姿を見て、Aさんは、

「ああ、疲れているのかなあ」

と思いました。

その姿を見て、自分に自信がないBさんは、

「やっぱり、私と話をしていても、面白くないんだ」

といっそう自信をなくしました。

その姿を見て、Cさんは、

「自分と話をしているときにため息をつくなんて、馬鹿にするのか」

と腹を立てました。

こんなふうに、まったく同じ場面でも、受け取り方で違ってきます。

人は、自分のフィルターを通して物事を見ます。相手が発している情報をそのまま正確にキャッチするものではありません。一つの場面をどう感じ、どう解釈するか。そこには自分の心が反映されています。

### あえて相手と張り合わない

たとえば、思わず彼女が先輩風を吹かせて同僚に指示した、こんなことでも争いは始まります。どちらが先に争いのきっかけを作ったかはともかくも、彼女が「同僚に仕事を奪われる」という感じ方をしているとすれば、彼女自身もすでに張り合っていると言えるでしょう。仮に彼女が、

**「相手が悪いのに、どうして私が先に、争いをやめなくちゃならないんですか」**

と主張したとしても、この問題を根本的に解決するには、どちらかがそんな〝張り合い〟から降りる以外に方法はありません。延々と戦い続けるか争いをやめるか。どうするかは、自分自身が決めるしかないのです。

もし彼女が、同僚との争いから降りることができたら、何が起こるでしょうか。まず同僚は、戦う相手を失います。同僚が仕事に意欲を燃やしていると見えたのは、実は、彼女への対抗意識からでした。

彼女が戦いから降りて、同僚に仕事を任せると、やがて同僚は、**「どうして、私ばっかり、仕事をしなくちゃならないの」**と不満を抱くようになるでしょう。

上司が仕事を頼んできても、その不満のために、競って仕事を奪おうとはしなくなるでしょう。これが「敵意識を抱いて戦っている人たち」の典型的な言動パターンです。彼女は遠からず、労せずして元通りの位置に戻ることになるでしょう。

こんなふうに、長期的な展望をもって戦いから降りたほうが、最終的に良い結果を得ることができるのです。

7

# 「自分の気持ちを解消する」レッスン

## ヒドイ！ いきなり攻撃された

自分を戦う環境に身をさらしている人ほど、

**「相手に傷つくようなことを言われたとき、すぐにその場で言い返せるようになりたいんです」**

と言います。

「ぐうの音も出ないほどに相手をやっつけられたら、どんなに気分が晴れやかになるだろう」

確かに、そんな光景を想像すると、それだけで痛快な気分になるものです。

けれども実際にはどうでしょうか。

自分の周囲を見回したり、街を歩いているとき、「ぐうの音も出ない」ような勢いで家族の誰かを言い負かしたり、親が子どもを問い詰めている光景に出くわすことがあります。けれども彼らは、あれほど徹底的に相手をやり込めているにもかかわらず、少しも「痛快な顔」はしていません。

それは、そうやって相手を「ぐうの音も出ない」ぐらいに言い負かしても、スッキリしないということを示唆してくれているのではないでしょうか。

ある女性が、予算についての決め事を同僚男性に持ちかけました。すると彼は、何を勘違いしたのか、

「俺たちが、そんなことを決められる立場じゃねえだろう！」

と、彼女に怒鳴り返してきました。一瞬、その場の空気が凍てつきました。

彼女は彼の勢いに怖じ気づき、硬直した表情でフリーズしていました。そのとき、

「そうじゃなくて、予算に付随することなんですよ」

と、そこに居合わせた男性が口添えしてくれたので事なきを得たのですが、怒鳴られた彼女の気持ちは、その後もおさまりません。

## 気持ちがおさまらないときは…

あれこれと迷った末に、彼女はこんなメールを出しました。

型通りの挨拶文を綴った後で、

実は、まだ、この前の件で、すっきりしない気持ちを解消できないままでいます。どうしようかと迷いましたが、自分のためにメールさせていただきました。

ご承知のように、私が相談したかったのは予算に使うツールおよびそのスケジュールについてです。私の説明不足だったとはいえ、あんなふうに怒鳴られたことが今もって心に残っていて、思い出すたびに感情的になっている自分に気づきます。

○○さんとは、これからも仕事がスムーズに運ぶようにと願っています。

この問題を大きくするつもりもありませんが、私の気持ちの整理のために伝えさせていただきました。

私自身もまた、もっと伝え方に気をつけるよう反省し、努力していきます。

彼女が文中で「自分のために」と言っているのは、嘘ではありません。彼にわかってもらいたいというよりも、自分の気持ちや感情を解消するために伝える、ということを目標にしています。

これが最大の目的ですから、彼女は〝できるだけ自分の心に添った表現をする〟という点に留意しました。

そうすることで、彼女は、自分の心の中で一区切りつけることができて、「思い出すたびに憤慨する」ということもなくなりました。

こんなふうに、「争う」ことよりも、**「自分の気持ちや感情を解消するために行動する」**ということのほうに重点を置いたほうが、はるかに自分に「満足感」をもたらすのです。

### ▼▼▼今より後で伝えるほうがベター

多くの人が、その場で相手をやり込めてしまえるような自分になりたいと望みますが、その場で言い返しているときは、ひどい言葉を浴びせてしまいがちです。

## その場で、言い返せなかった…

仮に相手を打ち負かしたとしても、その結果、**取り返しのつかない関係になってしまう可能性**もあります。

とりわけ職場のように争った後も顔を合わせなければならない場合、その場では溜飲が下がった思いがしても、その翌日から、どんな顔をすればいいのでしょうか。

争ったときよりも、争った後で自分の心に対処することのほうが難しいのです。

ですから、この例のように、「今すぐ言い返す」ことを目指すよりは、「後で言える自分」を育てましょう。

むしろ、その場で言い返すより、後で話し合おうとすることのほうが、勇気がいるものです。怒鳴ってしまう人たちは、逆にそれを恐れているから、「その場で」あるいは「一発で勝負を決めようとする」のです。

そんな恐怖を少しでも減らすには、争うためではなく、

**「争い合わないために。相手を気にしないでいられる自分になるために。自分にとって快適な距離を保つために。より親しくなるために」**

こういったことを目標にすれば、自分のほうから働きかける勇気が育ってくるのではないでしょうか。

実際に、後から自分の気持ちを確認できたほうが、より自分の心を救う言葉や楽になる言い方を見つけることができます。相手のほうもまた、冷静になっているので、心に響きます。なぜなら、戦っていない状態のほうが、相手も自分の心と向き合うことができるからです。

事実その後、すぐに彼からは「丁寧なお詫びのメール」が届いたそうです。

# 8

## 「できることから行動する」レッスン

### 誰もが「共感する力」を持っている

自分中心心理学の「根本原理」は、私も相手も〝同じだ〟ということです。

自分が他者に敵意を抱けば、相手も自分に敵意を抱くでしょう。

自分が他者に好意を抱けば、相手も自分に好意を抱くでしょう。

自分が不幸感を〝実感〟していれば、その不幸感の〝実感〟が相手に伝わります。

自分が幸福感を〝実感〟しているとき、その幸福感の〝実感〟が相手に伝わって、相手も幸福感を実感しています。

言葉ではありません。自分の意識が、相手に伝わっています。

私たちには元々、他者の実際の感情を感じ取る**〝共感能力〟**が備わっています。

愉快な人を見れば、自分の気分も愉快になります。

相手が悲しみに打ちひしがれていれば、自分の心も悲しみの色に変わってきます。

相手が歓びに満たされていれば、自分の心にもその歓びが降り注ぎます。

他者に対するそんな共感能力の機能を司っているのが、ミラー・ニューロンという神経細胞だと言われています。

これは、自分が他者の行動を見ていると、まるで自分自身がその行動をとっているかのように心が共鳴し**「鏡のように反応する」**ことから名づけられました。

また、夫婦など親密な間柄の相手や、好意を抱いている相手と同じ動作をしてしまうことをミラー効果と言います。

このミラー効果にも、ミラー・ニューロンが関係していると思われます。

互いに言動が同調し合うだけでなく、心も共鳴するのです。

自分が心の中で他者をどう思っているか。どう感じているか。自分の心がそのまま、相手に伝わります。

だから、**「自分自身を愛する」**ことが大事なのです。

## ▼▼▼たとえ堂々と主張できなくても

YouTubeで、人種差別についての動画を観たことがありました。

女性専用のブティックで、黒人女性が女性店員に入店を断られ、それに対して抗議しています。お互いに感情的になって激しい口調で言い争っています。その光景を見て、他の客はどうするかという実験でした。

その結果、対象者100人のうち、何らかの行動をとった者は20人もいなかったというコメントが入っていました。

けれども、私はそのとき「20人も行動したのか」と嬉しくなりました。**「人間って、捨てたもんじゃないな」**と。

ただ、私が最も知りたかったのは、客たちがどんな方法で抗議したのかということでした。すべてのケースがアップされているわけでなかったのですが、恐らくそのほとんどが、黒人女性と一緒になって店員に対して激高するというパターンではなかったかと推測できます。

中には抗議しながらも、興奮のあまり泣き出した女性客もいました。

## 小さな行動から伝わっていく

その中で、まさに「これこそが自分中心だ」と思わず叫びたくなるようなシーンがありました。

それは、客が店員に正面から激突して抗議するよりも、

**「こんな店は一緒に出よう」**

と黒人女性を促し、背中を抱いて店を出て行こうとしたからでした。

怒鳴って抗議しなければならないとしたら、誰でも尻込みしたくなるものです。80人の対象者が行動できなくても、批難する気持ちにはなれません。

理想は、被害者にも助ける者にも害が及ばないことです。

その姿は、すぐに他の客に共感を引き起こしました。

そして、瞬く間にミラー効果でそれが波及するや、店内にいた他の客たちもぞろぞろと店を出始めたのでした。

これだったら、怖くありません。

戦わないで、実行できます。

しかもこんな対処方法のほうが、その店に対して、もっと強烈に抗議の意思をアピールできます。


**怖いことはしなくていい。**

**「私ができること」から行動する。**


こんな「自分中心」の対処方法が、私に感動を与えてくれたのでした。

【著者紹介】
石原加受子（いしはら・かずこ）
●—心理カウンセラー。「自分中心心理学」を提唱する心理相談研究所オールイズワン代表。日本カウンセリング学会会員、日本学校メンタルヘルス学会会員、日本ヒーリングリラクセーション協会元理事、厚生労働省認定「健康・生きがいづくり」アドバイザー。
●—「自分を愛し、自分を解放し、もっと楽に生きる」ことを目指す、自分中心心理学を提唱。性格改善、対人関係、親子関係などのセミナー、グループ・ワーク、カウンセリングを20年以上続け、多くの悩める老若男女にアドバイスを行っている。現在、無料メルマガ『楽に生きる！石原加受子の「自分中心」心理学』を好評配信中。
●—本書を含め、『「しつこい怒り」が消えてなくなる本』をはじめとする、自分中心心理学シリーズ（すばる舎）は、累計25万部を突破。その他、『仕事も人間関係も「すべて面倒くさい」と思ったとき読む本』（中経出版）、『もっとシンプルに楽に生きることをはじめよう！』（三笠書房）、他多数。

【オールイズワン】
〒167-0032　東京都杉並区天沼3-1-11　ハイシティ荻窪1Ｆ
【著者ＨＰ】
http://www.allisone-jp.com/
http://aio31.com/

なぜか「まわりは敵だらけ!?」と思ったら読む本

2013年7月25日　　第1刷発行

著　者——石原加受子

発行者——徳留慶太郎

発行所——株式会社すばる舎

東京都豊島区東池袋3-9-7 東池袋織本ビル　〒170-0013

TEL　03-3981-8651（代表）　03-3981-0767（営業部）

振替　00140-7-116563

http://www.subarusya.jp/

印　刷——株式会社シナノ

落丁・乱丁本はお取り替えいたします

ISBN978-4-7991-0263-3